______________ 드림

손뜨개로 만나는 동화 친구들

세계동화 손뜨개 인형

손뜨개로 만나는 동화 친구들

세계동화 손뜨개 인형

초판 1쇄 인쇄 2016년 1월 27일
초판 1쇄 발행 2016년 2월 3일

지은이 사라 킨
옮긴이 박희진
감수 니뜨 도희선

발행인 장상진
발행처 (주)경향비피
등록번호 제2012-000228호
등록일자 2012년 7월 2일

주소 서울시 영등포구 양평동 2가 37-1번지 동아프라임밸리 507-508호
전화 1644-5613 | **팩스** 02) 304-5613

ISBN 978-89-6952-100-2 13630

· 값은 표지에 있습니다.
· 파본은 구입하신 서점에서 바꿔드립니다.

손뜨개로 만나는 동화 친구들

세계동화 손뜨개 인형

사라 킨 지음 | 박희진 옮김 | 니뜨 도희선 감수

경향BP

Introduction

책에 실을 동화 캐릭터를 디자인하고 알록달록 털실로
뜨개질하면서 참 즐거운 시간을 보냈습니다.
피노키오, 백설공주, 신데렐라, 잠자는 숲 속의 공주 등
아이들이 좋아하는 동화 속 주인공을 직접 만들어볼 수 있습니다.
동화책에서 튀어나온 주인공들이 아이들을 기쁘게 해줄 거예요.
그리고 그들은 오래오래 행복하게 살겠죠?
제가 책을 만들면서 즐거웠던 만큼 여러분도 뜨개질을 하며
즐거운 시간을 보내길 바랍니다.

사라 킨

01
02
03
04
06
07
08
09
10
11
13
14
15
16
17
18
22
23
24
25
26
27

세계동화 마을에
어서 오세요!

"제가 주인님께
행운을 가져다 드릴게요."

장화 신은 고양이 >> 158쪽

인어공주 >> 82쪽

"왕자님과 함께 있을 수만 있다면
바다를 버리겠어요."

"나와 함께 씨앗 심을 사람
어디 없나요?"

빨간 암탉 >> 88쪽

"신데렐라의 발에 유리구두가
아주 꼭 맞았어요."

신데렐라 >> 70쪽

"할머니, 그런데
눈이 왜 이렇게 커요?"

빨간 모자 >> 118쪽

"이야, 이야, 일을 마치고
집으로 간다네!"

백설공주와 일곱 난쟁이 ≫ 60쪽

골디락스와 곰 세 마리 » 128쪽

곰 세 마리가 집에 돌아왔더니
누군가가 죽을 다 먹어버렸어요!

왕자님이 키스하자
공주님이 잠에서 깨어났어요.

잠자는 숲 속의 공주 >> 140쪽

"난 사람이 되고 싶어요."

피노키오 >> 32쪽

"내가 바람을 불고, 또 불어서,
너의 집을 날려버릴 테다!"

아기돼지 삼형제 » 94쪽

깊은 숲 속에서, 남매는
생강쿠키와 초콜릿, 설탕장식으로
만들어진 집을 발견했어요.

헨젤과 그레텔 >> 148쪽

공주님은 황금공을 되찾을 수만
있다면 무엇이든지 할 생각이었어요.
십지어 개구리한테 키스도 할 수 있었죠!

개구리 왕자 >> 104쪽

진저브레드 맨 >> 154쪽

"달려, 달려, 더 빨리! 날 잡을 순 없을걸?
난 진저브레드 맨이라고!"

공주와 완두콩 >> 112쪽

"그녀가 정말로
공주님일까?"

밤사이에 잭의 창문 밖에서
거대한 콩나무가 자라났어요.

잭과 콩나무 >> 38쪽

옛날 아주 먼 옛날 한 목수가 나무를 깎아 인형을 만들고 있었어요.
갑자기 인형이 "아야, 아파!" 하고 소리를 질렀어요. 목수는 너무 놀라 말문이 막혔어요.
나무 인형이 살아있었거든요! 목수는 인형에게 피노키오라는 이름을 붙여주었답니다.

PINOCCHIO

피노키오

뜨개 준비

• 크기

피노키오 높이 약 30cm

• 준비물

DK실(병태사) 대략적인 양
엷은 황갈색(A) 25g
흰색(B) 5g
노란색(C) 5g
검은색(D) 5g
갈색(E) 5g
짙은 갈색(F) 5g
파란색(G) 5g
빨간색(H) 10g
마무리할 검은 실과 빨간 실 약간
3.25mm 대바늘 한 쌍
수예용 바늘
솜을 채워 넣을 때 쓸 족집게
아크릴 솜

• 게이지

3.25mm 대바늘, DK실(병태사), 26코×34단, 10×10cm, 메리야스뜨기

• 작업지침

특별한 지시가 없으면 모든 밑단 솔기는 오른쪽 방향으로 메리야스 잇기를 한다. 시접용으로 한 단 남겨놓는다.

• 몸통, 머리

엄지손가락 방법으로 A실 28코를 잡고 몸통의 밑부분부터 시작한다. 안면부터 시작한다. 시작코가 있는 부분에서 가운데 부분에 마커 표시한다.

1~11단 안뜨기로 시작해서 메리야스뜨기 11단
12~23단 B실로 바꿔서 몸통 윗부분을 뜬다. 메리야스뜨기 12단
24단 겉5, 겉뜨기로 2코 모아뜨기 2번, 겉10, 겉뜨기로 2코 모아뜨기 2, 겉5 (24코)
25~27단 안뜨기로 시작해서 메리야스뜨기 3단
28~29단 A실로 바꿔서 머리부분을 뜬다. 메리야스뜨기 2단
30단 겉1, (1코 만들기, 겉2) 끝까지, 1코 만들기, 겉1 (36코)
31~49단 안뜨기로 시작해서 메리야스뜨기 19단

정수리 모양 잡기
50단 (겉뜨기로 2코 모아뜨기, 겉2) 끝까지 (27코)
51단 안뜨기
52단 (겉뜨기로 2코 모아뜨기, 겉1) 끝까지 (18코)
53단 안뜨기
54단 (겉뜨기로 2코 모아뜨기) 끝까지 (9코)
실을 바늘이 있는 코에 통과시킨 다음 잡아당기고 코 사이에 실을 1번 더 통과시켜서 풀리지 않게 한다.

• 다리(한 쌍)

엄지손가락 방법으로 A실 14코를 잡고 다리 밑부분부터 시작한다. 안면에서부터 시작한다.

1~15단 안뜨기로 시작해서 메리야스뜨기 15단

무릎
16~19단 안뜨기로 시작해서 역메리야스뜨기 4단
20~21단 겉뜨기 1단 후 안뜨기 1단
다리 윗부분 모양 잡기
22단 겉1, 1코 만들기, 겉4, (겉뜨기로 2코 모아뜨기) 2, 겉4, 1코 만들기, 겉1 (14코)
23~25단 안뜨기로 시작해서 메리야스뜨기 3단
26~33단 22~25단 반복
34단 22단 반복
35단 안뜨기
코막기

• 반바지, 벨트

첫 번째 다리
엄지손가락 방법으로 C실 20코를 잡고 밑부분부터 시작한다.

1단(겉면) 안뜨기
2~8단 안뜨기로 시작해서 메리야스뜨기 7단
9단 겉1, 1코 만들기, 마지막코까지 겉뜨기, 1코 만들기, 겉1 (22코)
10단 안뜨기
11~12단 9~10단 반복 (24코)
실을 끊고 잠시 옆에 둔다.

두 번째 다리
첫 번째 다리처럼 만들고, 실은 끊지 않는다.

다리 합치기
13단 두 번째 다리 겉뜨기, 같은 실로 첫 번째 다리 이어서 겉뜨기 (48코)
14~16단 안뜨기로 시작해서 메리야스뜨기 3단
17단 *겉5, (겉뜨기로 2코 모아뜨기, 겉2) 4, 겉3. *1번 반복 (40코)
18~22단 안뜨기로 시작해서 메리야스뜨기 5단
D실로 바꿔서 벨트 뜨면서 코 줄이기
23단 (겉7, 겉뜨기로 2코 모아뜨기, 겉2, 겉뜨기로 2코 모아뜨기, 겉7) 2 (36코)
24단 겉뜨기
25~27단 겉뜨기로 시작해서 메리야스뜨기 3단, 겉면에서 끝낸다 겉뜨기 뜨듯이 코막기

• 신발(한 쌍)

엄지손가락 방법으로 E실 6코를 잡고 뒤꿈치부터 시작한다.

1단(안면) 안뜨기
2단 (겉1, 1코 만들기) 2, 겉2, (1코 만들기, 겉1) 2 (10코)
3단 안뜨기
4단 (겉1, 1코 만들기) 4, 겉2, (1코 만들기, 겉1) 4 (18코)
5~9단 안뜨기로 시작해서 메리야스뜨기 5단
10단 겉8, 1코 만들기, 겉2, 1코 만들기, 겉8 (20코)
11~17단 안뜨기로 시작해서 메리야스뜨기 7단
18단 (겉뜨기로 2코 줄이기) 끝까지 (10코)
19단 안뜨기
20단 (겉뜨기로 2코 줄이기) 끝까지 (5코)
실을 바늘이 있는 코에 통과시킨 다음 잡아당기고 코 사이에 실을 1번 더 통과시켜서 풀리지 않게 한다.

• 팔, 손(한 쌍씩)

엄지손가락 방법으로 B실 4코를 잡고 어깨 부분부터 시작한다.

1단(안면) 안뜨기
2단 겉1, 1코 만들기, 마지막코까지 겉뜨기, 1코 만들기, 겉1 (6코)
3~8단 1~2단 반복 (12코)
마지막 단 첫번째 코, 마지막코에 마커 표시한다.
9~13단 안뜨기로 시작해서 메리야스뜨기 5단

소매
14~15단 안뜨기 1단, 겉뜨기 1단
16~19단 A실로 바꾼 후 겉뜨기 1단으로 시작해서 메리야스뜨기 4단

손목
20~21단 안뜨기 1단, 겉뜨기 1단
22~29단 겉뜨기로 시작해서 메리야스뜨기 8단
30단 겉5, 겉뜨기로 2코 모아뜨기, 겉5 (11코)
31, 33, 35단 안뜨기
32단 겉5, 1코 만들기, 겉1, 1코 만들기, 겉5 (13코)
34단 겉5, 1코 만들기, 겉3, 1코 만들기, 겉5 (15코)
36단 겉5, 1코 만들기, 겉5, 1코 만들기, 겉5 (17코)
37단 안11, 뒤집는다.
38단 겉5, 뒤집기, 실을 끊고 겉뜨기한 5코에 실을 통과시키고 꽉 잡아당긴 후 1번 더 실을 통과시킨 다음 엄지손가락 부분 겉면의 밑단을 감친다. 안면에서 남은 코 중간 부분에 새로 실을 건 후 안뜨기로 끝까지 뜬다.
39~40단 남은 코를 모아서 밀고 메리야스뜨기 2단
41단 (겉뜨기로 2코 모아뜨기) 끝까지 (6코)
실을 바늘이 있는 코에 통과시킨 다음 잡아당기고 코 사이에 실을 1번 더 통과시켜서 풀리지 않게 한다.

• 코

엄지손가락 방법으로 A실 6코를 잡고 코끝부터 시작한다. 안면부터 시작한다.

1~3단 안뜨기로 시작해서 메리야스뜨기 3단
4단 겉2, (1코 만들기, 겉2) 2 (8코)
5단 안뜨기
코막기

• 머리카락

엄지손가락 방법으로 F실 36코를 잡고 밑부분부터 시작한다. 겉면부터 가터뜨기로 시작한다.

1~18단 가터뜨기 18단

정수리 모양 잡기
19단 (겉뜨기로 2코 모아뜨기, 겉2) 끝까지 (27코)
20, 22단 겉뜨기
21단 (겉뜨기로 2코 모아뜨기, 겉1) 끝까지 (18코)
23단 (겉뜨기로 2코 모아뜨기) 끝까지 (9코)
실을 바늘이 있는 코에 통과시킨 다음 잡아당기고 코 사이에 실을 1번 더 통과시켜서 풀리지 않게 한다.

• 모자

엄지손가락 방법으로 G실 48코를 잡고 챙 부분부터 시작한다. 겉면부터 가터뜨기로 시작한다.

1~10단 가터뜨기 10단
11~12단 H실로 바꾼 후 겉뜨기 1단, 안뜨기 1단
13단 (겉뜨기로 2코 모아뜨기, 겉4) 끝까지 (40코)
14~18단 안뜨기로 시작해서 메리야스뜨기 5단
19단 (겉뜨기로 2코 모아뜨기, 겉3) 끝까지 (32코)
20~22단 안뜨기로 시작해서 메리야스뜨기 3단
23단 (겉뜨기로 2코 모아뜨기, 겉2) 끝까지 (16코)
24단 안뜨기
25단 (겉뜨기로 2코 모아뜨기, 겉1) 끝까지 (16코)
26단 (안뜨기로 2코 모아뜨기) 끝까지 (8코)
실을 바늘이 있는 코에 통과시킨 다음 잡아당기고 코 사이에 실을 1번 더 통과시켜서 풀리지 않게 한다.

• 조끼

엄지손가락 방법으로 H실 36코를 잡고 밑부분부터 시작한다. 겉면부터 가터뜨기로 시작한다.

1~6단 가터뜨기 6단
7단 겉6, 겉뜨기로 2코 모아뜨기, 겉20, 겉뜨기로 2코 모아뜨기, 겉6 (34코)
8~10단 가터뜨기 3단
11단 겉6, 겉뜨기로 2코 모아뜨기, 겉18, 겉뜨기로 2코 모아뜨기, 겉6 (32코)
12~15단 가터뜨기 4단, 겉면에서 끝낸다.
16단 겉6, 2코 막기(오른쪽 바늘에 7코가 남는다), 겉15, 2코 막기, 겉5 (28코)
17단 겉6, 뒤집은 후 겉뜨기한 6코로 진행
18~20단 가터뜨기 3단
21단 겉1, 겉뜨기로 2코 모아뜨기, 마지막 코까지 겉뜨기 (5코)
22~24단 가터뜨기 3단
25단 겉1, 겉뜨기로 2코 모아뜨기, 겉2 (4코)
26~31단 가터뜨기 6단, 겉면에서 끝낸다.
가터뜨기로 코막기
32단 남은 코에 실을 건 후, 겉16, 뒤집은 후 겉뜨기한 16코로 진행
33~48단 가터뜨기 16단, 겉면에서 끝낸다.
가터뜨기로 코막기
49단 남은 코에 실을 건 후 겉6
50~52단 가터뜨기로 3단
53단 겉3, 겉뜨기로 2코 모아뜨기, 겉1 (5코)
54~56단 가터뜨기 3단
57단 겉2, 겉뜨기로 2코 모아뜨기, 겉1 (4코)
58~63단 가터뜨기 6단, 겉면에서 끝낸다.
가터뜨기로 코막기

• 나비넥타이

엄지손가락 방법으로 G실 6코를 잡고 시작한다. 겉면 가터뜨기로 시작한다.

1~5단 가터뜨기 5단
가터뜨기로 코막기

마무리하기

• 몸통, 머리

몸통과 머리의 밑단을 이어서 꿰매고 속을 채운다. 마커 표시한 부분과 솔기 부분을 같이 하단면에 놓고 감친다. 목 부분은 2배 더 긴 흰색 실로 몸통 윗부분 마지막 단 주변을 홈질하는데, 반 코마다 안팎으로 꿰맨다. 꽉 잡아당겨서 목 안쪽에 매듭을 지어 마무리한다.

• 다리

다리 밑단을 꿰맨다. 양쪽 다리에 속을 채운다. 속을 채우는 게 어렵다면 족집게나 가위 끝부분으로 밀어 넣는다. 코막음한 부분을 감침질하고 몸통 밑부분에 이어서 꿰맨다.

• 반바지, 벨트

밑단부터 하복부에 있는 마커 부분까지 다리 솔기를 바느질한다. 감침질해서 하복부 부분을 둥글게 바느질하고, 벨트를 바느질해 단다. 반바지를 입히고 벨트의 마무리코 부분을 상체의 1째 단에 바느질한다.

• 신발

신발의 둥근 시작코를 모아 당겨서 꽉 조인다. 구멍을 남기고 신발 끝에 줄을 꿰맨다. 속을 채우고 구멍을 꿰맨다. 솔기 아래 중간 부분에 핀을 꽂고 다리 끝에 신발을 꿰맨다.

• 팔, 손

핀셋이나 가위의 뾰족한 부분을 이용해 내용물을 밀어 넣은 후 손의 끝 줄과 속을 채운 손, 엄지손가락을 꿰맨다. 손목에서부터 마디까지 팔을 꿰매고 팔 아래쪽의 속을 채운다. 한쪽에 솔기를 두고 마디 중간을 가로질러 꿰맨다. 팔의 끝줄부터 겨드랑이의 마커 표시한 부분까지 계속해서 꿰매고 팔의 위쪽에 핀셋이나 가위의 뾰족한 부분으로 내용물을 밀어 넣는다. 팔 구멍은 열린 채로 팔을 인형에 꿰맨다.

• 코

목 위 12째 줄에 두 개의 핀으로 눈 자리를 표시하고 그 사이에 겉뜨기를 4코 한다. 실 뭉치를 감아 코 모양을 만들고 얼굴 윗부분 머리카락 아래에 검은색으로 눈을 수놓는다. 사슬뜨기로 핀 주위에 고리를 만들고 사슬뜨기 5코로 고리를 연결한다. 사진을 참고하여 스트레이트 스티치로 눈썹을 수놓는다. 코의 끝줄을 꿰매고 목 위 8~10째 줄 가운데에 코를 꿰맨다. 목 위 4~6째 줄에 빨간색 실로 얕은 V자를 6코 이상 수놓아 입을 만든다.

• 머리카락

머리카락의 끝줄을 휘갑쳐서 인형 위에 놓는다. 뒷부분 가운데에 솔기를 두고 뒤통수의 목 위 3/4인치(2cm)까지 머리카락을 당겨 내린다. 머리카락의 아래쪽 끝부분을 백 스티치로 머리에 꿰매서 둘러친다.

• 모자

챙을 접어서 제자리에 꿰맨다. 모자의 끝줄을 모자의 꼭대기부터 챙까지 꿰매고 챙의 끝줄은 휘갑친다. 모자 윗부분을 가볍게 채우고 챙 아랫부분의 오른쪽에서 백 스티치로 모자와 머리를 꿰맨다.

• 조끼

조끼의 어깨 부분을 휘갑쳐서 인형에 연결시킨다. 조끼의 뒷부분을 목에 꿰맨다.

• 나비넥타이

나비넥타이와 어울리는 실을 넥타이 중앙에 감고 몇 차례 매듭을 지어 뒤에서 끝낸다. 모양이 잡힌 나비넥타이를 목의 앞부분 중앙에 꿰맨다.

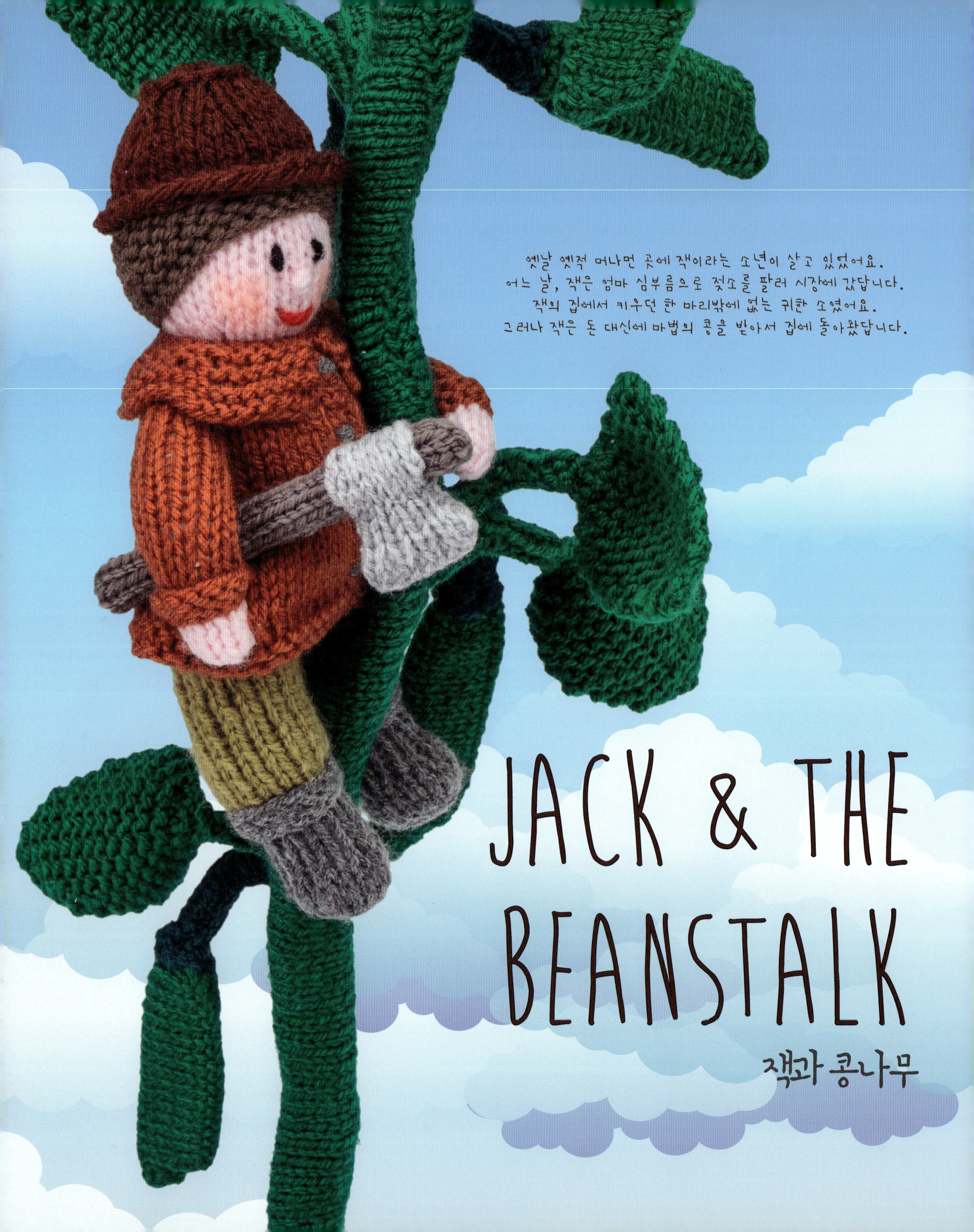

옛날 옛적 머나먼 곳에 잭이라는 소년이 살고 있었어요.
어느 날, 잭은 엄마 심부름으로 젖소를 팔러 시장에 갔답니다.
잭의 집에서 키우던 한 마리밖에 없는 귀한 소였어요.
그러나 잭은 돈 대신에 마법의 콩을 받아서 집에 돌아왔답니다.

JACK & THE BEANSTALK

잭과 콩나무

뜨개 준비

• 크기

잭 높이 약 19cm
잭의 엄마 높이 약 22cm
젖소 약 13cm
수상한 아저씨 높이 약 14cm
콩 대각선으로 약 2.5cm
콩나무 높이 약 85cm
거인 높이 약 40.5cm
닭, 황금달걀, 둥지 높이 약 6cm
하프 높이 약 11cm
도끼 길이 약 9cm

• 준비물

DK실(병태사) 대략적인 양
짙은 회색(A) 5g
흰색(B) 30g
적갈색(C) 10g
연한 분홍색(D) 10g
카키색(E) 5g
연한 갈색(F) 10g
갈색(G) 10g
보라색(H) 5g
짙은 녹청색(I) 15g
연한 파란색(J) 5g
진한 갈색(K) 30g
빨간색(L) 10g
검은색(M) 10g
크림색(N) 5g
짙은 초록색(O) 5g
라일락색(P) 5g
금색(Q) 5g
라임 그린색(R) 5g
회색이 도는 파란색(S) 5g
베이지색(T) 5g
탁한 황록색(U) 100g
밝은 황록색(V) 20g
겨자색(W) 20g
은회색(X) 5g
마무리할 검정, 빨강, 은회색, 밝은 분홍색, 적갈색, 금색실
3.25mm 대바늘 한 쌍과 같은 사이즈의 여분 바늘 하나
3.25mm 줄바늘 하나
끝에 동그란 구멍이 달린 시침핀
수예용 바늘
족집게
아크릴 솜
반짝이 모루 15개
빨대 3개
빨간 색연필

• 게이지

3.25mm 대바늘, DK실(병태사), 26코×34단, 10×10cm, 메리야스뜨기

• 작업지침

특별한 지시가 없으면 모든 밑단 솔기는 오른쪽 방향으로 메리야스 잇기를 한다. 시접용으로 한 단 남겨놓는다.

HOW TO MAKE
잭

• 신발, 다리, 몸통, 머리

부츠 – 오른쪽 다리
엄지손가락 방법으로 A실 10코를 잡고 부츠 바닥부분부터 시작한다. 시작코가 있는 쪽, 4번째와 5번째 코 사이에 마커 표시한다.

1단(안면) 안뜨기
2단 겉1, (1코 만들기, 겉1) 끝까지 (19코)
3~5단 안뜨기로 시작해서 메리야스뜨기 3단

부츠 모양 잡기
6단 겉1, (겉뜨기로 2코 모아뜨기) 7, 겉4 (12코)
7~27단 안뜨기로 시작해서 메리야스뜨기 21단
실을 끊고 잠시 옆으로 치워둔다.

부츠 – 왼쪽 다리
엄지손가락 방법으로 A실 10코를 잡고 부츠 바닥부터 시작한다. 시작코가 있는 쪽, 6번째와 7번째 코 사이에 마커 표시한다.

1단(안면) 안뜨기
2단 겉1, (1코 만들기, 겉1) 끝까지 (19코)
3~5단 안뜨기로 시작해서 메리야스뜨기 3단

부츠 모양 잡기
6단 겉4, (겉뜨기로 2코 모아뜨기) 7, 겉1 (12코)
7~27단 안뜨기로 시작해서 메리야스뜨기로 21단

다리 합치기
28단 B실로 바꿔서 겉뜨기로 왼쪽다리를 뜨고 같은 실로 오른쪽 다리를 이어서 뜬다. (24코)
29~35단 안뜨기로 시작해서 메리야스뜨기 7단
36~49단 C실로 바꾼 후 메리야스뜨기 14단
50~51단 D실로 바꾼 후 메리야스뜨기 2단
52단 겉3, (1코 만들기, 겉6) 3, 1코 만들기, 겉3 (28코)
53~59단 안뜨기로 시작해서 메리야스뜨기 7단

정수리 모양 잡기
60단 (겉뜨기로 2코 모아뜨기, 겉2) 끝까지 (21코)
61, 63단 안뜨기
62단 (겉뜨기로 2코 모아뜨기, 겉1) 끝까지 (14코)
64단 (겉뜨기로 2코 모아뜨기) 끝까지 (7코)
실을 바늘이 있는 코에 통과시킨 다음 느슨하게 놔둔다.

• 반바지

엄지손가락 방법으로 E실 18코를 잡고 아랫부분부터 시작한다. 겉면부터 시작한다.
1~12단 겉뜨기로 시작해서 메리야스뜨기 12단
13~14단 각 단 시작코 하나를 코막음하면서 메리야스뜨기 2단 (16코)
실을 끊고 잠시 옆으로 치워둔다.

반바지 – 두 번째 다리
첫 번째 다리처럼 만들고 실은 끊지 않는다. 다리 부분 합치기

15단 겉면에서 두 번째 다리 쪽에 겉뜨기, 같은 실로 첫 번째 다리 계속해서 겉뜨기 (32코)
16~22단 안뜨기로 시작해서 메리야스뜨기 7단
코막기

부츠 윗부분(한 쌍)
엄지손가락 방법으로 A실 18코를 잡고 겉면부터 시작한다.
안뜨기하는 것처럼 코막기

• 코트

엄지손가락 방법으로 C실 46코를 잡고 밑부분부터 시작한다. 겉면부터 가터뜨기로 시작한다.

1~2단 가터뜨기
3~10단 겉뜨기로 시작해서 메리야스뜨기 8단, 안뜨기 단일 때 첫 코와 마지막코는 겉뜨기
11단 겉4, (겉뜨기로 2코 모아뜨기, 겉2) 2코 남을 때까지, 겉2 (36코)
12~22단 안뜨기로 시작해서 11단 메리야스뜨기, 안뜨기 단일 때 첫 코와 마지막코는 겉뜨기
23단 겉2, (겉뜨기로 2코 모아뜨기) 6, 겉6, (겉뜨기로 2코 모아뜨기) 6번, 겉3 (24코)
안뜨기하는 것처럼 코막기

• 소매, 손(한 쌍씩)

엄지손가락 방법으로 C실 4코를 잡고 어깨부터 시작한다.

1단(안면) 안뜨기
2단 겉1, 1코 만들기, 마지막코까지 겉뜨기, 1코 만들기, 겉1 (6코)
3~8단 1~2단 계속 반복 (12코)
마지막 단 첫 코와 마지막코에 마커 표시하기
9~17단 안뜨기로 시작해서 메리야스뜨기 9단
18단 겉1, 겉뜨기로 2코 모아뜨기 (겉2, 겉뜨기로 2코 모아뜨기) 2, 겉1 (9코)
19~23단 D실로 바꿔서 안뜨기로 시작해서 메리야스뜨기 5단
바늘에 실을 꿰어서 코 사이로 통과시키고 꽉 잡아당긴 후 1번 더 실을 통과시켜 풀리지 않게 한다.

• 깃

엄지손가락 방법을 C실 44코를 잡고 바깥부분부터 시작한다. 겉면부터 가터뜨기로 시작한다.

1~2단 가터뜨기
3단 *겉5, (겉뜨기로 2코 모아뜨기) 2, 겉4, (겉뜨기로 2코 모아뜨기) 2, 겉5, *1번 반복 (36코)
4, 6단 겉뜨기
5단 *겉4, (겉뜨기로 2코 모아뜨기) 2, 겉2, (겉뜨기로 2코 모아뜨기) 2, 겉4, *1번 반복 (28코)
7단 *겉4, 겉뜨기로 2코 모아뜨기, 겉2, 겉뜨기로 2코 모아뜨기, 겉4, *1번 반복 (24코)
가터뜨기로 코막기

• 소매(한 쌍)

엄지손가락 방법으로 C실 13코를 잡고 겉면부터 시작한다. 안뜨기하는 것처럼 코막기

• 머리카락

엄지손가락 방법으로 F실 28코를 잡고 아랫부분부터 시작한다. 겉면에서 가터뜨기로 시작한다.

1~12단 가터뜨기

정수리 모양 잡기
13단 (겉뜨기로 2코 모아뜨기, 겉2) 끝까지 (21코)
14, 16단 겉뜨기
15단 (겉뜨기로 2코 모아뜨기, 겉1) 끝까지 (14코)
17단 (겉뜨기로 2코 모아뜨기) 끝까지 (7코)
실을 바늘이 있는 코에 통과시킨 다음 잡아당기고 코 사이에 실을 1번 더 통과시켜서 풀리지 않게 한다.

• 모자

엄지손가락 방법으로 G실 40코를 만들고 아랫부분부터 시작한다. 겉면에서 가터뜨기로 시작한다.

부분부터 시작한다. 겉면에서 가터뜨기로 시작한다.

1~2단 가터뜨기
3단 (겉뜨기로 2코 모아뜨기, 겉3) 끝까지 (32코)
4~6단 안뜨기로 시작해서 메리야스뜨기 3단
7단 (겉뜨기로 2코 모아뜨기, 겉2) 끝까지 (24코)
8단 안뜨기
9단 (겉뜨기로 2코 모아뜨기, 겉1) 끝까지 (16코)
10단 안뜨기
11~12단 안뜨기

1~2단 가터뜨기
3단 (겉뜨기로 2코 모아뜨기, 겉3) 끝까지 (32코)
4~6단 안뜨기로 시작해서 메리야스뜨기 3단
7단 (겉뜨기로 2코 모아뜨기, 겉2) 끝까지 (24코)
8단 안뜨기
9단 (겉뜨기로 2코 모아뜨기, 겉1) 끝까지 (16코)
10단 안뜨기
11~12단 안뜨기
13단 (겉뜨기로 2코 모아뜨기) 끝까지 (8코)
실을 바늘이 있는 코에 통과시킨 다음 잡아당기고 코 사이에 실을 1번 더 통과시켜서 풀리지 않게 한다.

마무리하기

• 신발, 다리, 몸통, 머리

발과 부츠 발목 부분의 끝단을 바느질한다. 마커 표시한 부분이 발가락 끝이 되도록 시작코 부분을 감침질한다. 다리 솔기 부분이 발뒤꿈치 안쪽 테두리에서 6mm 위에 위치한다. 부츠 안 쪽 발가락 부분 솜을 동그랗게 뭉쳐서 족집게나 가위 끝부분으로 밀어 넣어 채운다. 다리의 끝단을 바느질하고 하복부 부분을 둥그렇게 바느질한다. 다리 솜을 채운다. 몸통의 끝단과 머리의 절반 부분까지 끝단을 바느질한다. 몸통과 머리에 솜을 채우고 코에 끼워진 실을 잡아당겨 끊고 끝단 바느질을 마무리한다. 몸통 윗부분과 같은 색 실 2가닥을 잡아서 몸통 윗부분 가장 끝단에 러닝스티치를 반 코마다 안팎으로 넣어서 목 모양을 잡는다. 꽉 잡아당겨 목 안에서 매듭을 짓는다.

• 반바지

반바지의 밑단부터 하복부까지 다리 부분 솔기를 바느질한다. 감침질해서 하복부 부분을 둥그렇게 바느질하고 뒷부분 중앙에서 끝단을 바느질한다. 반바지를 인형에 입히고 반바지의 마무리코 부분을 상체 첫 번째 단에 바느질한다. 시작코 부분(양쪽 다)을 다리에 바느질한다.

• 코트

코트를 인형에 입히고 가운데 중앙 부분을 바느질한다. 코트의 마무리코 부분을 목에 바느질한다.

• 소매, 손

손의 끝단을 바느질하고 손 안에 작은 공 모양으로 솜을 뭉쳐서 족집게나 가위 끝부분으로 밀어넣어서 안을 채운다. 팔목부터 겨드랑이 밑부분까지 소매 부분을 바느질한다. 팔을 채우고 겨드랑이 부분은 열린 채로 둔다. 몸통 양쪽에 코트와 몸통을 지나서 바느질을 해 팔을 단다.

• 깃

깃을 목 주변에 두르고 턱 아래에서 양쪽 끝이 만나게 한다. 마무리코 부분을 목에 바느질해서 단다.

• 소매단, 부츠 윗부분

소매단을 손목에 두르고 부츠탑은 부츠 위에 두른 다음 끝단을 감침질한다. 소매단과 부츠탑은 박음질을 해서 단단히 단다.

• 특징잡기

목에서 6단 위에 가운데 2코를 남겨두고 핀 2개를 꽂아서 눈 위치를 잡는다. 눈은 검은색 실로, 표시한 부분에서 한 단 아래에서 끝나도록 수직 방향으로 체인 스티치를 넣어 표현한다. 입은 빨간색 실로 눈에서 3~4번째 단 아래에 위치하도록, 작은 V모양으로 2땀을 수놓아서 만든다. 코는 연분홍색 눈 밑 중앙에 수평방향 스티치 5땀을 겹쳐 놓아 만든다. 볼은 빨간색연필로 칠해서 발그레하게 만든다. 코트 앞에 버튼 4개는 각 버튼마다 은회색으로 수평방향 스티치 2땀을 짧게 넣는다. (171쪽을 참고하여 수놓은 자국이 안 보이게 처리한다.)

• 머리카락

머리카락의 끝단을 감침질하고 솔기가 뒤쪽 중앙에 오도록 인형에 씌운 다음, 목 뒤쪽으로 내려오게 잡아당긴다.
머리카락 아래 테두리 부분을 박음질하여 머리에 고정시킨다.

• 모자

모자의 끝부분을 바느질하고, 윗부분 속을 조금 채운 다음 머리에 씌운다. 핀으로 고정하고 오른쪽 방향으로 박음질하여 단다.

• 신발, 다리, 몸통, 머리

오른쪽 신발과 다리
엄지손가락 방법으로 H실 14코를 잡고 신발 바닥부터 시작한다. 시작코가 있는 부분 5번, 6번 코 사이에 마커 표시를 한다.

1단(안면) 안뜨기
2단 겉2, (1코 만들기, 겉2) 끝까지 (20코)
3~7단 안뜨기로 시작해서 메리야스뜨기 5단

신발 모양 잡기
8단 (겉1, 겉뜨기로 2코 모아뜨기) 2, 겉2, (겉뜨기로 2코 모아뜨기, 겉1) 2, 겉6 (16코)
9단 안뜨기
D실로 바꿔서 다리를 뜨면서 코를 줄인다.
10단 (겉2, 겉뜨기로 2코 모아뜨기) 2, 겉8 (14코)
11~33단 안뜨기로 시작해서 메리야스뜨기 23단
실을 끊고 잠시 옆으로 치워 둔다.

왼쪽 신발과 다리
엄지손가락 방법으로 H실 14코를 잡고 신발 바닥부터 시작한다. 시작코가 있는 부분 9번, 10번 코 사이에 마커 표시를 한다.

1단(안면) 안뜨기
2단 겉2, (1코 만들기, 겉뜨기로 2코 모아뜨기) 끝까지 (20코)
3~7단 안뜨기로 시작해서 메리야스뜨기 5단

신발 모양 잡기
8단 겉7, (겉뜨기로 2코 모아뜨기, 겉1) 2, (겉1, 겉뜨기로 2코 모아뜨기) 2, 겉1 (16코)
9단 안뜨기
D실로 바꿔서 다리를 뜨면서 코를 줄인다.
10단 겉8, (겉뜨기로 2코 모아뜨기, 겉2) 2 (14코)
11~33단 안뜨기로 시작해서 메리야스뜨기 23단

다리 합치기
34단 B실로 바꿔서 몸통 아랫부분을 뜨는데, 왼쪽 다리를 겉뜨기로 뜨고, 같은 실로 오른쪽 다리도 겉뜨기로 떠준다. (28코)
35~41단 안뜨기로 시작해서 메리야스뜨기 7단
42~51단 I실로 바꿔서 몸통 윗부분을 뜬다. 메리야스뜨기 10단
52~55단 D실로 바꿔서 목 부분을 뜬다. 메리야스뜨기 4단
목 부분을 모아줄 마지막 단에 마커 표시를 한다.
56~57단 메리야스뜨기 2단
58단 *겉4, (1코 만들기, 겉뜨기로 2코 모아뜨기) 4, 겉2, *부분 1번 반복 (36코)
59~73단 안뜨기로 시작해서 메리야스뜨기 15단

정수리 모양 잡기
74단 (겉뜨기로 2코 모아뜨기, 겉2) 끝까지 (27코)
75단 안뜨기
76단 (겉뜨기로 2코 모아뜨기, 겉1) 끝까지 (18코)
77단 안뜨기
78단 (겉뜨기로 2코 모아뜨기) 끝까지 (9코)
바늘에 실을 꿰어 코 사이로 통과시킨 후 느슨하게 놔둔다.

• 원피스 치마

엄지손가락 방법으로 I실 72코를 잡고 치마 밑단부터 시작한다. 겉면부터 가터뜨기로 시작한다.

1~2단 가터뜨기
3~20단 겉뜨기로 시작해서 메리야스뜨기 18단
21단 (겉뜨기로 2코 모아뜨기, 겉4) 끝까지 (60코)
22~26단 안뜨기로 시작해서, 메리야스뜨기 5단
27단 (겉뜨기로 2코 모아뜨기, 겉3) 끝까지 (48코)
28~30단 안뜨기로 시작해서 메리야스뜨기 3단
B실로 바꿔서 앞치마 허리부분을 뜨면서 코를 줄인다.
31단 (겉뜨기로 2코 모아뜨기, 겉2) 끝까지 (36코)
32~33단 가터뜨기, 겉면에서 끝낸다.
가터뜨기로 코막기

• 소매, 손(한 쌍씩)

엄지손가락 방법으로 J실 4코를 잡고 소매부터 시작한다.

1단(안면) 안뜨기
2단 겉1, (1코 만들기, 겉1) 끝까지 (7코)
3단 안뜨기
4단 겉1, 1코 만들기, 마지막코까지 겉뜨기, 1코 만들기, 겉1 (9코)
5~8단 3~4단 반복 (13코)
마지막 단 첫 코와 마지막코에 마커로 표시한다.
9~21단 안뜨기로 시작해서 메리야스뜨기 13단
22단 겉3, (겉뜨기로 2코 모아뜨기, 겉3) 2 (11코)
23~27단 D실로 바꿔서 손 부분을 뜬다. 안뜨기로 시작해서 메리야스뜨기 5단
28단 겉뜨기로 2코 모아뜨기, (겉1, 겉뜨기로 2코 모아뜨기) 끝까지 (7코)
바늘에 실을 꿰어서 코 사이로 통과시키고 꽉 잡아당긴 후 1번 더 실을 통과시켜 풀리지 않게 한다.

• 소맷동(한 쌍)

엄지손가락 방법으로 J실 15코를 만든 후 겉면부터 시작한다. 안뜨기 뜨듯이 코막기

앞치마
엄지손가락 방법으로 B실 18코를 만든 후 아랫부분부터 시작한다. 겉면부터 가터뜨기로 시작한다.

1~2단 가터뜨기
3~12단 겉뜨기로 시작해서 메리야스뜨기 10단으로 뜨되, 안뜨기 단의 첫 2코와 마지막 2코는 겉뜨기
13단 겉2, (겉뜨기로 2코 모아뜨기, 겉2) 끝까지 (14코)
14~18단 안뜨기로 시작해서 메리야스뜨기 5단으로 뜨되, 안뜨기 단의 첫 2코와 마지막 2코는 겉뜨기
19단 겉2, (겉뜨기로 2코 모아뜨기, 겉2) 끝까지 (11코)
안뜨기 뜨듯이 코막기

• 앞치마 리본

엄지손가락 방법으로 B실 35코를 잡고 겉면부터 시작한다. 안뜨기 뜨듯이 코막기

• 머리카락

엄지손가락 방법으로 K실 36코를 잡고 아랫부분부터 겉면에서 가터뜨기로 시작한다.
1~20단 가터뜨기

정수리 모양 잡기
21단 (겉뜨기로 2코 모아뜨기, 겉2) 끝까지 (27코)
22단 겉뜨기
23단 (겉뜨기로 2코 모아뜨기, 겉1) 끝까지 (18코)
24단 겉뜨기
25단 (겉뜨기로 2코 모아뜨기) 끝까지 (9코)
실을 바늘이 있는 코에 통과시킨 다음 잡아당기고 코 사이에 실을 1번 더 통과시켜서 풀리지 않게 한다.

• 깃

엄지손가락 방법으로 I실 38코를 잡고 겉면에서 시작한다. 안뜨기 뜨듯이 코막기

• 머릿수건

엄지손가락 방법으로 L실 45코를 잡고 겉면에서 가터뜨기로 시작한다.

1~2단 가터뜨기
3단 겉뜨기로 2코 모아뜨기, 마지막 2코 전까지 겉뜨기, 겉뜨기로 2코 모아뜨기 (43코)
4단 겉뜨기
5~28단 3~4단 계속 반복 (19코)
29단 겉뜨기로 2코 모아뜨기, 마지막 2코 전까지 겉뜨기, 겉뜨기로 2코 모아뜨기 (17코)
30~32단 가터뜨기
33~56단 29~32단 계속 반복 (5코)
57단 겉뜨기로 2코 모아뜨기, 겉1, 겉뜨기로 2코 모아뜨기 (3코)
58단 3코 모은 후 꼬아서 겉뜨기 (1코)
꽉 잡아당겨서 마무리

마무리하기

• 신발, 다리, 몸통, 머리

신발의 끝단을 바느질하고 마커로 표시한 부분이 발가락 끝에 오게 시작코를 감침질한다. 다리 솔기 부분은 발뒤꿈치 안쪽 테두리에서 8mm 위에 위치한다. 발목 부분을 바느질하고 발가락에 솜을 공 모양으로 채워 넣는다. 다리 끝단을 바느질하고 하복부 부분은 둥그렇게 바느질한다. 다리 속을 채우고 몸통 솔기 부분을 바느질한다. 몸통에 솜을 채우고 머리 절반까지 밑단을 바느질한다. 머리에 솜을 채우고 머리 윗부분의 실을 잡아당겨 매듭지어 자르고 남은 부분을 마저 바느질한다.

몸통 윗부분과 같은 실을 2가닥 잡고 몸통 윗부분의 마지막 단 주변을 반 코마다 촘촘히 홈질해서 목 부분 모양을 잡는다. 실을 꽉 잡아당겨서 목 안쪽에 매듭이 위치하게 묶는다.

• 원피스 치마

드레스 치마 끝단을 바느질하고 솔기가 뒷면 중앙에 위치하도록 한다. 치마를 인형에 입히고 허리의 마무리코가 상체 1째 단에 오도록 바느질한다.

• 소매, 손

손의 끝단을 바느질하고 작은 공 모양 솜을 족집게나 가위로 밀어 넣어 속을 채운다. 손목부터 마커 표시가 있는 겨드랑이 부분까지 소매를 바느질한다. 소매에 속을 채운 다음 겨드랑이 쪽은 바느질하지 않고 열어둔다. 팔 가장 윗부분 시작코가 목 아래 2째 단에 오도록 몸통에 팔을 달아준다.

• 소매단

손목에 소매단을 두르고 끝단을 바느질한다. 소매단 중앙 아랫부분부터 꼼꼼히 박음질해서 단다.

• 앞치마

앞치마의 마무리코를 인형 허리끈 부분에 바느질해서 단다. 이때 앞치마가 치마 전면 중앙에 오도록 한다. 앞치마 아래단을 치마에 바느질한다.

• 리본

리본을 리본 모양으로 만든 다음 등 쪽 앞치마 허리끈 가운데에 단다.

• 특징 잡기

목에서 9번째 단 위에 2개의 핀을 꽂아 눈 위치를 잡는데, 사이에 3코가 있도록 한다. 머리카락 밑부분 머리에 특징을 잡고 마무리를 한다. 검은 실을 2가닥 잡아서 눈을 표현하는데, 표시한 곳부터 시작해서 수직 방향으로 2단 위쪽으로 체인 스티치를 한 땀 넣는다. 눈 밑의 4번째, 5번째 단에 빨간 실로 작은 v모양으로 2땀 정도 바느질해서 입을 표현한다. 연분홍색 실로 코를 수놓는데, 눈 아래단 중앙 부분에 수평 방향으로 5코를 넣은 다음 그 위에 한 코를 넣어 한 묶음처럼 만드는 방식으로 표현한다. 빨간 색연필로 볼을 칠한다.

• 머리카락

머리카락의 밑단을 감침질한 다음 인형에 씌운다. 숱기는 뒤쪽 중앙에 위치하도록 한 다음 머리카락을 뒤쪽에서 목 쪽, 밑으로 잡아당긴다. 머리카락의 밑단을 머리에 박음질해서 고정한다.

• 목칼라

목에 칼라를 두르고 끝단을 감침질한다.
드레스 윗부분에 칼라를 바느질해서 고정하고 어깨 부분에는 박음질한다.

• 머릿수건

머리에 머릿수건을 두르는데, 시작코가 있는 단의 끝 모서리가 등 쪽에서 만나도록 한다.
밑단을 머리에 바느질해서 고정하고 머릿수건 꼭지 부분을 아래로 접어서 뒤쪽에서 바느질해 모양을 잡는다.

HOW TO MAKE 젖소

• 몸통

엄지손가락 방법으로 B실 32코를 잡고 아랫부분부터 안면에서 시작한다.

1, 3, 5단 안뜨기
2단 (겉1, 1코 만들기, 겉1, 1코 만들기, 겉12, 1코 만들기, 겉1, 1코 만들기, 겉1) 2 (40코)
4단 (겉1, 1코 만들기, 겉2, 1코 만들기, 겉14, 1코 만들기, 겉2, 1코 만들기, 겉1) 2 (48코)
6단 (겉1, 1코 만들기, 겉3, 1코 만들기, 겉16, 1코 만들기, 겉3, 1코 만들기, 겉1) 2 (56코)
7~25단 안뜨기로 시작해서 메리야스뜨기 19단
26단 (겉뜨기로 2코 모아뜨기) 2, 겉20, (겉뜨기로 2코 모아뜨기) 4, 겉20, (겉뜨기로 2코 모아뜨기) 2 (48코)
27, 29단 안뜨기
28단 (겉뜨기로 2코 모아뜨기) 2, 겉16, (겉뜨기로 2코 모아뜨기) 4, 겉16, (겉뜨기로 2코 모아뜨기) 2 (40코)
30단 (겉뜨기로 2코 모아뜨기) 2, 겉12, (겉뜨기로 2코 모아뜨기) 4, 겉12, (겉뜨기로 2코 모아뜨기) 2 (32코)
안뜨기 뜨듯이 코막기

• 다리(두 쌍)

엄지손가락 방법으로 B실 19코를 잡고 윗부분부터 시작한다.

1단(안면) 안12, 뒤집기
2단 겉뜨기 방향으로 1코 건너뛰기, 겉4, 뒤집기
3단 안뜨기 방향으로 1코 건너뛰기, 마지막코까지 안뜨기
4~11단 메리야스뜨기
12~15단 M실로 바꿔서 메리야스뜨기
16단 겉1, (겉뜨기로 2코 모아뜨기, 겉1) 끝까지 (13코)
안뜨기 뜨듯이 코막기

• 머리

엄지손가락 방법으로 N실 22코를 잡고 아랫부분부터 시작한다.

1단(안면) 안뜨기
2단 겉5, (1코 만들기, 겉1) 5, 겉3, (1코 만들기, 겉1) 5, 겉4 (32코)
3~7단 안뜨기로 시작해서 메리야스뜨기 5단
8단 겉4 (겉뜨기로 2코 모아뜨기, 겉1) 3, 겉7, (겉뜨기로 2코 모아뜨기, 겉1) 3, 겉3 (26코)
9단 B실로 바꿔서 안뜨기
10단 (1코 꼬아서 겉뜨기) 끝까지
11~17단 안뜨기로 시작해서 메리야스뜨기 7단
18단 (겉4, 겉뜨기로 2코 모아뜨기, 겉1, 겉뜨기로 2코 모아뜨기, 겉3) 2 (22코)
19, 21, 23단 안뜨기
20단 (겉3, 겉뜨기로 2코 모아뜨기, 겉1, 겉뜨기로 2코 모아뜨기, 겉3) 2 (18코)
22단 (겉2, 겉뜨기로 2코 모아뜨기, 겉1, 겉뜨기로 2코 모아뜨기, 겉2) 2 (14코)
24단 (겉1, 겉뜨기로 2코 모아뜨기, 겉1, 겉뜨기로 2코 모아뜨기, 겉1) 2 (10코)
실을 바늘이 있는 코에 통과시킨 다음 잡아당기고 코 사이에 실을 1번 더 통과시켜서 풀리지 않게 한다.

• 얼룩무늬(2개)

엄지손가락 방법으로 M실 5코를 잡고 가터뜨기로 시작한다.

1단(겉면) 겉뜨기
2단 겉1, 1코 만들기, 마지막코까지 겉뜨기, 1코 만들기, 겉1 (6코)
3~4단 1~2단 반복 (8코)
5~16단 가터뜨기
17단 겉뜨기로 2코 모아뜨기, 겉4, 겉뜨기로 2코 모아뜨기 (6코)
18단 겉뜨기
19단 겉뜨기로 2코 모아뜨기, 겉2, 겉뜨기로 2코 모아뜨기 (4코)
가터뜨기로 코막기

• 귀(한 쌍)

엄지손가락 방법으로 M실 14코를 잡아서 겉면부터 가터뜨기로 시작한다.

1~2단 가터뜨기
3단 겉4, (겉뜨기로 3코 모아뜨기) 2, 겉4 (10코)
가터뜨기로 코막기

마무리하기

• 꼬리

하얀색 실 6가닥을 60cm 길이로 꼰다. (171쪽에서 실 꼬는 방법을 볼 수 있다.)
끝부분에서 5cm 정도 윗부분에 매듭을 짓고 매듭 밑이 13mm 정도가 되도록 다듬는다.

• 몸통

몸통의 시작코 부분을 반으로 접고 감친다. 마무리코 부분을 반으로 접고 감친다. 모양이 잡힌 끝단 부분을 바느질하고 꼬리를 안에 집어넣은 다음 단단히 단다. 몸통에 솜을 채우고 끝단 바느질을 마무리한다.

• 다리

다리 부분 마무리코 부분을 반으로 접고 감친다. 직선 부분 밑단을 바느질하고 다리에 솜을 채운다. 다리를 몸통에 단다.

• 머리

머리의 끝단을 바느질하고 속을 채운다. 솔기가 뒷부분 중앙에 위치하도록 밑단을 바느질한다.

• 얼룩무늬

그림을 참고해서 작은 얼룩무늬는 머리에, 큰 무늬는 몸통 앞부분에 테두리를 박음질해서 단다.

• 귀

귀의 마무리코 부분을 반으로 접어서 감친다. 각각의 귀 끝단을 감침질한다. 머리 양쪽에 귀를 단다.

• 특징잡기

눈 위치는 코, 주둥이 부분에서 4단 위에, 가운데 3코가 위치하도록 핀을 2개 꽂아 자리를 잡는다. 진회색 실로 표시한 부분부터 두 단 위쪽에서 끝나도록 체인 스티치를 넣어 눈을 표시한다. 그 위로 체인 스티치를 한 땀 더 넣는다. 콧구멍은 체인 스티치 한 땀으로 표시하는데 표시한 부분에서 한 단 위에서 끝나도록 바느질하고, 코 사이에는 6코가 있도록 한다. (171쪽을 참고하여 수놓은 자국이 안 보이게 처리한다.) 몸통에 머리를 단다.

HOW TO MAKE 수상한 아저씨

• 부츠, 다리, 몸통, 머리

오른쪽 다리
엄지손가락 방법으로 O실 15코를 잡고 안쪽 면에서 부츠 바닥부터 시작한다. 시작코가 있는 부분 5~6째 코 사이에 마커 표시한다.

1~3단 안뜨기로 시작해서 메리야스뜨기 3단

부츠 모양 잡기
4단 겉3, (겉뜨기로 2코 모아뜨기) 3, 겉6 (12코)
5~13단 안뜨기로 시작해서 메리야스뜨기 9단
실을 끊고 잠시 옆으로 치워둔다.

왼쪽 다리
엄지손가락 방법으로 O실 15코를 잡고 안쪽 면에서 부츠 바닥부터 시작한다. 시작코에서 10~11째 코 가운데에 마커 표시한다.

1~3단 안뜨기로 시작해서 메리야스뜨기 3단
4단 겉6, (겉뜨기로 2코 모아뜨기) 3, 겉3 (12코)
5~13단 안뜨기로 시작해서 메리야스뜨기 9단

다리 합치기
14단 왼쪽다리 부분 겉뜨기, 같은 실로 오른쪽 다리도 이어서 겉뜨기 (24코)
마지막 단 첫 코와 마지막코에 마커 표시한다.
15~17단 안뜨기로 시작해서 메리야스뜨기 3단
18~29단 P실로 바꿔서 몸통 윗부분을 뜬다. 메리야스뜨기
30~30단 D실로 바꿔서 머리부분을 뜬다. 메리야스뜨기

정수리 모양 잡기
40단 (겉뜨기로 2코 모아뜨기, 겉1) 끝까지 (16코)
41단 안뜨기
42단 (겉뜨기로 2코 모아뜨기) 끝까지 (8코)
바늘에 실을 꿰어 코 사이로 통과시키고 느슨하게 놔둔다.

• 튜닉 치마, 벨트

엄지손가락 방법으로 H실 40코를 잡고 밑부분부터 겉면에서 가터뜨기로 시작한다.

1~2단 가터뜨기
3~6단 겉뜨기로 시작해서 메리야스뜨기 4단
7단 겉4, (겉뜨기로 2코 모아뜨기, 겉4) 끝까지 (34코)
겉뜨기 뜨듯이 코막기

• 팔(한 쌍)

엄지손가락 방법으로 H실 12코를 잡고 안면에서 시작한다.

1~7단 안뜨기로 시작해서 메리야스뜨기 7단
8~9단 D실로 바꿔서 메리야스뜨기 2단
10단 (겉뜨기로 2코 모아뜨기) 끝까지 (6코)
실을 바늘이 있는 코에 통과시킨 다음 잡아당기고 코 사이에 실을 1번 더 통과시켜서 풀리지 않게 한다.

• 코

엄지손가락 방법으로 D실 5코를 잡고 시작한다.

1단(안면) 안뜨기
실을 바늘이 있는 코에 통과시킨 다음 잡아당기고 코 사이에 실을 1번 더 통과시켜서 풀리지 않게 한다.

• 머리카락

엄지손가락 방법으로 G시로 24코를 잡고 밑부분부터 겉면에서 가터뜨기로 시작한다.

1~12단 가터뜨기

정수리부분 모양 잡기
13단 (겉뜨기로 2코 모아뜨기, 겉1) 끝까지 (16코)
14단 겉뜨기
15단 (겉뜨기로 2코 모아뜨기) 끝까지 (8코)
실을 바늘이 있는 코에 통과시킨 다음 잡아당기고 코 사이에 실을 1번 더 통과시켜서 풀리지 않게 한다.

• 모자와 깃털장식

모자
엄지손가락 방법으로 O실 22코를 잡고 겉면에서 시작한다.

1~8단 겉뜨기로 시작해서 메리야스뜨기 8단을 뜨되 안뜨기 단의 첫 코와 마지막코는 겉뜨기한다.
9단 (겉2, 겉뜨기로 2코 모아뜨기) 2, 겉6, (겉뜨기로 2코 모아뜨기, 겉2) 2 (18코)
10단 니팅온(Knitting-on) 방법으로 단 시작에서 12코를 잡고 안뜨기를 한다 (30코)
11~14단 메리야스뜨기
15~16단 안뜨기로 모자 윗부분에서 접히는 부분을 만든다.

정수리 모양 잡기
17단 (겉뜨기로 2코 모아뜨기, 겉3) 끝까지 (24코)
18, 20단 안뜨기
19단 (겉뜨기로 2코 모아뜨기, 겉2) 끝까지 (18코)
21단 (겉뜨기로 2코 모아뜨기, 겉1) 끝까지 (12코)
22단 (안뜨기로 2코 모아뜨기) 끝까지 (6코)
실을 바늘이 있는 코에 통과시킨 다음 잡아당기고 코 사이에 실을 1번 더 통과시켜서 풀리지 않게 한다.

모자 챙
엄지손가락 방법으로 O실 10코를 잡고 안면에서 시작한다.

1, 3단 안뜨기
2단 겉뜨기로 2코 모아뜨기, 겉6, 겉뜨기로 2코 모아뜨기 (8코)
4단 겉1, 1코 모아뜨기, 겉6, 1코 모아뜨기, 겉1 (10코)
5단 안뜨기
코막기

깃털장식(L실 하나, Q실 하나)
엄지손가락 방법으로 L실 또는 Q실 12코를 잡고 겉면에서 시작한다.
안뜨기 하듯이 코막기

마무리하기

• 부츠, 다리, 몸통, 머리

잭처럼 마무리한다.

• 튜닉 치마, 벨트

튜닉 치마와 벨트의 끝단을 바느질해 잇고 치마를 입힌다. 몸통 1째 단 둘레에 벨트를 바느질한다.

• 팔

끝단에서 끝단까지 말아 올려서 바느질한다. 시작코 부분을 둥글게 모아놓고 꽉 잡아당겨 풀리지 않게 한다. 몸통 양쪽에 팔을 하나씩 단다.

• 특징잡기

코의 시작코 끝단을 감침질한다. 이때 코의 시작코가 머리 앞쪽 중앙의 4~5째 단에 위치하도록 바느질해 단다. 사진을 참고로 삼아 눈 위치를 잡는데, 코 바로 윗단에 가운데 3코가 오도록 핀 2개를 꼽는다. 표시한 부분에서 시작해서 바로 웃단에서 끝나도록 검은색 실로 수직방향 체인스티치를 한 땀 넣어서 눈을 표현한다. 검은색 실로 스트레이트 스티치를 하여 입 모양을 잡는다. 볼은 빨간 색연필로 칠한다.

• 머리카락

43쪽 잭처럼 마무리한다.

• 모자, 챙, 깃털장식

모자 윗부분 끝단을 바느질하고 머리에 모자를 씌운다. 이마부터 뒤쪽까지 머리와 모자를 연결하면서 바느질한다. 챙의 겉면이 바깥을 보게 한 다음, 챙을 접어서 시작코와 마무리코를 맞대어 바느질해서 이어준다. 챙을 모자 앞에 단다. 깃털의 마무리코 부분을 반으로 접고 감친다. 사진을 참고하여 깃털을 모자에 단다.

HOW TO MAKE
콩

• 콩(5개)

엄지손가락으로 R실(또는 S실, T실)로 5코를 잡고 안면부터 시작한다.

1, 3단 안뜨기
2단 겉1, 1코 만들기, 겉3, 1코 만들기, 겉1 (7코)
4단 겉3, 뒤집기
5단 안뜨기 방향으로 1코 건너뛰고, 마지막코까지 안뜨기
6단 겉뜨기
7단 안3, 뒤집기
8단 겉뜨기 방향으로 1코 건너뛰고, 마지막코까지 겉뜨기
9단 안뜨기
10~15단 4~9단 반복
16단 겉뜨기로 2코 모아뜨기, 겉3, 겉뜨기로 2코 모아뜨기 (5코)
17단 안뜨기
코막기

마무리하기

겉면이 위로 가게 놓고, 시작코와 코막음 부분을 맞대어 두 부분이 겹친 부분만 남겨두고 끝단을 꿰맨다. 남겨둔 구멍으로 솜을 넣어 속을 채운 다음 꿰맨다.

HOW TO MAKE 콩나무

• 줄기

줄바늘을 사용해서 엄지손가락 방법으로 U실 200코를 잡고 시작한다.

1단(안면) 안145 (55코 남음), 뒤집기
2단 겉뜨기 방향으로 1코 건너뛰고, 마지막코까지 겉뜨기
3단 안155 (45코 남음), 뒤집기
4단 겉뜨기 방향으로 1코 건너뛰고, 마지막코까지 겉뜨기
5단 안165 (35코 남음), 뒤집기
6단 겉뜨기 방향으로 1코 건너뛰고, 마지막코까지 겉뜨기
7단 안175 (25코 남음), 뒤집기
8단 겉뜨기 방향으로 1코 건너뛰고, 마지막코까지 겉뜨기
9~23단 안뜨기로 시작해서 메리야스뜨기 15단
24단 *겉12, (1코 만들기, 겉1) 4, 겉12, (겉뜨기로 2코 모아뜨기) 4, * 4, 겉20 (200코)
25단 안뜨기
느슨하게 코막기

• 나뭇잎(15장)

엄지손가락 방법으로 U실 1코 잡고 가터뜨기로 시작한다.

1단(겉면) 첫 코 앞쪽에 (겉1, 안1, 겉1) (3코)
2단 겉뜨기
3단 겉뜨기 방향으로 코 늘리기, 겉1, 겉뜨기 방향으로 코 늘리기 (5코)
4~5단 겉뜨기
6단 겉뜨기 방향으로 코 늘리기, 마지막코까지 겉뜨기, 겉뜨기 방향으로 코 늘리기 (7코)
7~18단 4~6단 반복 (15코)
19~23단 가터뜨기
24단 (겉뜨기로 2코 모아뜨기) 2, 겉7, (겉뜨기로 2코 모아뜨기) 2 (11코)
25, 27단 겉뜨기
26단 (겉뜨기로 2코 모아뜨기) 2, 겉3, (겉뜨기로 2코 모아뜨기) 2 (7코)
28단 겉2, 겉뜨기로 3코 모아뜨기, 겉2 (5코)

나뭇잎 줄기
29~46단 겉뜨기로 시작해서 메리야스뜨기 18단
실을 바늘이 있는 코에 통과시킨 다음 잡아당기고 코 사이에 실을 1번 더 통과시켜서 풀리지 않게 한다.

• 콩껍질(12개)

엄지손가락 방법으로 U실 40코 잡고 시작한다.

1단(안면) 안뜨기
2단 (겉뜨기로 2코 모아뜨기) 2, 겉32, (겉뜨기로 2코 모아뜨기) 2 (36코)
3단 안뜨기로 2코 모아뜨기, 안32, 안뜨기로 2코 모아뜨기 (34코)
4~5단 메리야스뜨기
코막기

꼭지
엄지손가락 방법으로 O실 5코 잡고 안면에서 시작한다.

1~15단 안뜨기로 시작해서 메리야스뜨기 15단
16단 (겉뜨기 방향으로 코 늘리기) 끝까지 (10코)
겉뜨기 뜨듯이 코막기

마무리하기

• 줄기

시작코에서 마무리코 방향으로 줄기 부분을 말아준다. 짧은 부분을 말아올려 핀으로 고정시킨 다음 긴 부분을 따라 마무리코 부분을 바느질한다.

• 나뭇잎, 콩껍질

반짝이 모루를 이파리와 콩껍질 길이로 하나하나 자른 다음 줄기 안면 위에 놓는다. 매트리스 스티치로 줄기가 반짝이 모루를 감쌀 수 있도록 끝단을 이어서 바느질한다. 반짝이 모루가 있는 윗면과 아랫면을 동그랗게 마무리하고 끝단을 바느질한다. 콩껍질을 줄기의 넓은 끝부분에 바느질한다. 나뭇잎과 콩껍질을 콩나무에 바느질해서 단다.

HOW TO MAKE
거인

• 발, 다리, 몸통, 머리

오른쪽 다리
엄지손가락 방법으로 D실로 24코 잡고 발바닥부터 안면에서 시작한다. 시작코 부분 8번째와 9번째 코 사이에 마커 표시한다.

1, 3단 안뜨기
2단 겉4, (1코 만들기, 겉1) 4, (겉1, 1코 만들기) 4, 겉2, (1코 만들기, 겉1) 4, (겉1, 1코 만들기)4, 겉2 (40코)
4단 겉8, 1코 만들기, (겉2, 1코 만들기) 4, 겉12, (1코 만들기, 겉2) 2, (겉2, 1코 만들기) 2, 겉4 (49코)
5~17단 안뜨기로 시작해서 메리야스뜨기 13단
18단 겉4, (겉뜨기로 2코 모아뜨기, 겉1) 8, 겉21 (41코)
19단 안뜨기
20단 (겉1, 겉뜨기로 2코 모아뜨기) 8, 겉2, (겉뜨기로 2코 모아뜨기, 겉1) 2, (겉1, 겉뜨기로 2코 모아뜨기) 2, 겉3 (29코)
21단 안18, 안뜨기로 2코 모아뜨기, 안1, 안뜨기로 2코 모아뜨기, 안6 (27코)
22~31단 메리야스뜨기
32~33단 V실로 바꿔서 가터뜨기
34~68단 겉뜨기로 시작해서 메리야스뜨기 25단, 겉면에서 끝낸다.
69단 안뜨기로 2코 모아뜨기, 마지막 2코 남기고 안뜨기, 안뜨기로 2코 모아뜨기 (25코)
실을 끊고 잠시 옆으로 치워 둔다.

왼쪽 다리
엄지손가락 방법으로 D실로 24코 잡고 발바닥부터 안면에서 시작한다. 시작코 부분 16번째와 17번째 코 사이에 마커 표시한다.

1, 3단 안뜨기
2단 겉2, (1코 만들기, 겉1) 4, (겉1, 1코 만들기)4, 겉2, (1코 만들기, 겉1) 4, (겉1, 1코 만들기)4, 겉4 (40코)
4단 겉4, (1코 만들기, 겉2) 2, (겉2, 1코 만들기)2, 겉12, (1코 만들기, 겉2) 4, 1코 만들기, 겉8 (49코)
5~17단 안뜨기로 시작해서 메리야스뜨기 13단
18단 겉22, (겉뜨기로 2코 모아뜨기, 겉1) 8, 겉3 (41코)

19단 안뜨기
20단 겉3, (겉뜨기로 2코 모아뜨기, 겉1) 2, (겉1, 겉뜨기로 2코 모아뜨기) 2, 겉2, (겉뜨기로 2코 모아뜨기, 겉1) 8 (29코)
21단 안6, 안뜨기로 2코 모아뜨기, 안1, 안뜨기로 2코 모아뜨기, 겉18 (27코)
22~31단 메리야스뜨기 10단
32~33단 V실로 바꿔서 가터뜨기 2단
34~68단 겉뜨기 단으로 시작해서 메리야스뜨기 35단, 겉면에서 끝낸다.
69단 안뜨기로 2코 모아뜨기, 마지막 2코 남기고 안뜨기, 안뜨기로 2코 모아뜨기 (25코)

다리 합치기
70단 왼쪽 다리부터 겉뜨기로 시작해서 같은 실로 오른쪽 다리도 겉뜨기 (50코)
71~91단 안뜨기 단으로 시작해서 메리야스뜨기 21단
92~119단 W실로 바꿔서 몸통 윗부분 뜨기, 메리야스뜨기 28단

어깨 모양 잡기
120단 겉10, (겉뜨기로 2코 모아뜨기) 3, 겉18, (겉뜨기로 2코 모아뜨기) 3, 겉10 (44코)
121단 D실로 바꿔서 머리 뜨기, 안뜨기 1단
122단 겉4, (1코 만들기, 겉4) 끝까지 (54코)
123~145단 안뜨기 단으로 시작해서 메리야스뜨기 23단

정수리 모양 잡기
146단 (겉뜨기로 2코 모아뜨기, 겉4) 끝까지 (45코)
147, 149, 151, 153단 안뜨기
148단 (겉뜨기로 2코 모아뜨기, 겉3) 끝까지 (36코)
150단 (겉뜨기로 2코 모아뜨기, 겉2) (27코)
152단 (겉뜨기로 2코 모아뜨기, 겉1) (18코)
154단 (겉뜨기로 2코 모아뜨기) 끝까지 (9코)
실을 바늘이 있는 코에 통과시킨 다음 잡아당기고 코 사이에 실을 1번 더 통과시켜서 풀리지 않게 한다.

• 팔, 손(한 쌍씩)

엄지손가락 방법으로 W실로 6코 잡고 어깨부터 시작한다.

1단(안면) 안뜨기
2단 겉1, 1코 만들기, 마지막코까지 겉뜨기, 1코 만들기, 겉1 (8코)
3~12단 1~2단 계속 반복 (18코)
13단 안뜨기
14~15단 니팅온(Knitting~on) 방법으로 각 단 시작부분에서 2코를 잡는다. (22코)
16~39단 메리야스뜨기 24단
40~41단 가터뜨기 2단
42~47단 D실로 바꿔서 손 뜨기, 겉뜨기 단으로 시작해서 메리야스뜨기 6단

엄지손가락 모양 잡기
48단 겉10, 1코 만들기, 겉2, 1코 만들기, 겉10 (24코)
49단 안뜨기
50단 겉11, 1코 만들기, 겉2, 1코 만들기, 겉11 (26코)
51단 안9, 1코 만들기, 안8, 1코 만들기, 안9 (28코)
52단 겉뜨기, 뒤집는다.
53단 안8, 뒤집은 후 안뜨기 한 8코로 진행
54단 겉뜨기
실을 끊고 실을 바늘이 있는 코에 통과시킨 다음 잡아당기고 코 사이에 실을 1번 더 통과시켜서 풀리지 않게 한다. 겉면이 보이게 놓은 뒤 실을 마지막 단 가운데 코에 다시 걸어서 겉뜨기 한다.
55~58단 남은 코들을 모아서 밀어놓고 안뜨기 단으로 시작해서 메리야스뜨기 4단, 겉면에서 끝낸다. (20코)
59단 (안뜨기로 2코 모아뜨기, 안6, 안뜨기로 2코 모아뜨기) 2 (16코)
60단 (겉뜨기로 2코 모아뜨기) 끝까지 (8코)
실을 바늘이 있는 코에 통과시킨 다음 잡아당기고 코 사이에 실을 1번 더 통과시켜서 풀리지 않게 한다.

• 튜닉

엄지손가락 방법으로 K실로 90코 잡고 밑단부터 겉면에서 시작한다.

1~2단 가터뜨기
3~20단 겉뜨기 단으로 시작해서 메리야스뜨기 18단, 안뜨기 단의 첫 2코와 마지막 2코는 겉뜨기한다.
21단 겉5, (겉뜨기로 2코 모아뜨기, 겉4) 끝까지, 겉1 (76코)
22~37단 안뜨기 단으로 시작해서 메리야스뜨기 16단, 안뜨기 단의 첫 2코와 마지막 2코는 겉뜨기, 겉면에서 끝낸다.
38단 겉2, 안17, 겉4, 안30, 겉4, 안17, 겉2
39단 겉뜨기
40단 38단과 같다.
41단 겉21, 뒤집어서 겉뜨기한 21코로 진행한다.
42단 겉2, 안17, 겉2
43단 겉2, 안2, 겉17
44단 겉2, 안15, 겉4
45단 겉2, 안3, 겉16
46단 겉2, 안14, 겉5
47단 겉2, 안4, 겉15
48단 겉2, 안13, 겉6
49단 겉2, 안5, 겉14
50단 겉2, 안12, 겉7
51단 겉2, 안6, 겉13
52단 겉2, 안11, 겉8
53단 겉2, 안7, 겉12
54단 겉2, 안10, 겉9
55단 겉2, 안8, 겉11
56단 겉2, 안9, 겉10
57단 겉2, 안9, 겉10
58단 겉2, 안8, 겉11
59단 겉2, 안10, 겉9
60단 겉2, 안7, 겉12
61단 겉2, 안11, 겉8
62단 겉2, 안6, 겉13
63단 겉뜨기
64단 겉2, 안6, 겉13
겉뜨기 하듯이 코막기
65단 겉면에서 시작, 남은 코에 실을 다시 걸고 겉34, 뒤집어서 겉뜨기한 34코로 진행한다.
66단 겉2, 안30, 겉2
67단 겉뜨기
68~85단 66~67단 계속 반복
86단 겉2, 안6, 겉18, 안6, 겉2
87단 겉뜨기
1코 겉뜨기 뜨듯 코막기, 6코 안뜨기 뜨듯 코막기, 18코 겉뜨기 뜨듯 코막기, 6코 안뜨기 뜨듯 코막기, 2코 겉뜨기 뜨듯 코막기, 매듭을 짓는다.
88단 겉면에서 남은 코에 실을 다시 걸고 겉뜨기 (21코)
89단 겉2, 안17, 겉2
90단 겉17, 안2, 겉2
91단 겉4, 안15, 겉2
92단 겉16, 안3, 겉2
93단 겉5, 안14, 겉2
94단 겉15, 안4, 겉2
95단 겉6, 안13, 겉2

96단 겉14, 안5, 겉2
97단 겉7, 안12, 겉2
98단 겉13, 안6, 겉2
99단 겉8, 안11, 겉2
100단 겉12, 안7, 겉2
101단 겉9, 안10, 겉2
102단 겉11, 안8, 겉2
103단 겉10, 안9, 겉2
104단 겉10, 안9, 겉2
105단 겉11, 안8, 겉2
106단 겉9, 안10, 겉2
107단 겉12, 안7, 겉2
108단 겉8, 안11, 겉2
109단 겉13, 안6, 겉2
110단 겉뜨기
111단 겉13, 안6, 겉2
겉뜨기 뜨듯 코막기

• 샌들

샌들 한 쌍–밑창
엄지손가락 방법으로 G실로 56코 잡고 신발 바깥쪽 겉면에서 시작한다.

1~2단 가터뜨기
3단 (겉뜨기로 2코 모아뜨기, 겉2) 3, 겉4, (겉2, 겉뜨기로 2코 모아뜨기)3, (겉뜨기로 2코 모아뜨기, 겉2) 3, 겉4, (겉2, 겉뜨기로 2코 모아뜨기) 3 (44코)
4~6단 가터뜨기
7단 (겉뜨기로 2코 모아뜨기, 겉1) 3, 겉4, (겉1, 겉뜨기로 2코 모아뜨기) 3, (겉뜨기로 2코 모아뜨기, 겉1) 3, 겉4, (겉1, 겉뜨기로 2코 모아뜨기) 3 (32코)
8~10단 가터뜨기
11단 (겉뜨기로 2코 모아뜨기) 3, 겉4, (겉뜨기로 2코 모아뜨기) 6, 겉4, (겉뜨기로 2코 모아뜨기) 3 (20코)
가터뜨기로 코막기

샌들 한 쌍 – 뒤축
엄지손가락 방법으로 G실로 30코 잡고 밑부분부터 겉면에서 시작한다.

1~4단 가터뜨기
5단 겉1, 겉뜨기로 2코 모아뜨기, 3코 남을 때까지 겉뜨기, 겉뜨기로 2코 모아뜨기, 겉1 (28코)
6단 겉뜨기
7~13단 5~6단 3번 반복 후, 5단 1번 반복 (20코)
가터뜨기로 코막기

샌들 한 쌍 – 스트랩
엄지손가락 방법으로 G실 20코를 잡는다.

1단(겉면) 겉뜨기
겉뜨기 뜨듯 코막기

• 수염

수염 – 앞부분
엄지손가락 방법으로 F실로 22코 잡고 윗부분부터 역메리야스뜨기로 시작한다.

1단(겉면) 안뜨기
2단 겉2, (1코 만들기, 겉2) 끝까지 (32코)
3단 안뜨기
4단 겉1, 안1, 마지막코까지 겉뜨기, 1코 만들기, 겉1 (34코)
5~6단 3~4단 반복 (36코)
7단 안뜨기
8단 (겉뜨기로 2코 모아뜨기) 2, 4코 남을 때까지 겉뜨기, (겉뜨기로 2코 모아뜨기) 2 (32코)
9단 안뜨기로 2코 모아뜨기, 2코 남을 때까지 안뜨기, 안뜨기로 2코 모아뜨기 (30코)
10~13단 8~9단 2번 반복 (18코)
14단 겉뜨기로 2코 모아뜨기, 2코 남을 때까지 겉뜨기, 겉뜨기로 2코 모아뜨기 (16코)
15단 안뜨기로 2코 모아뜨기, 2코 남을 때까지 안뜨기, 안뜨기로 2코 모아뜨기 (14코)
16~17단 14~15단 반복 (10코)
18단 겉1, (겉뜨기로 2코 모아뜨기, 겉1) 끝까지 (7코)
역메리야스뜨기로 코막기

수염 – 뒷부분
엄지손가락 방법으로 F실로 22코 잡고 윗부분부터 역메리야스뜨기로 시작한다.

1단(겉면) 안뜨기
2단 겉2, (1코 만들기, 겉6) 3, 1코 만들기, 겉2 (26코)
3단 안뜨기
4단 겉1, 1코 만들기, 마지막코까지 겉뜨기, 1코 만들기, 겉1 (28코)
5~6단 3~4단 반복 (30코)
7단 안뜨기
8단 겉뜨기로 2코 모아뜨기, 2코 남을 때까지

겉뜨기, 겉뜨기로 2코 모아뜨기 (28코)
9단 안뜨기로 2코 모아뜨기, 2코 남을 때까지 안뜨기, 안뜨기로 2코 모아뜨기 (26코)
10~17단 8~9단 계속 반복 (10코)
18단 겉1, (겉뜨기로 2코 모아뜨기, 겉1) 끝까지 (7코)
역메리야스뜨기로 코막기

• 머리카락

엄지손가락 방법으로 F실로 40코 잡고 바깥면부터 가터뜨기로 시작한다.

1단(겉면) 겉뜨기
2단 겉13, (1코 만들기, 겉1) 15, 겉12 (55코)
3~4단 가터뜨기
5단 겉46, 뒤집기
6단 겉뜨기 방향으로 1코 건너뛰기, 겉36, 뒤집기
7단 겉뜨기 방향으로 1코 건너뛰기, 겉뜨기 끝까지
8단 겉뜨기
9~12단 5~8단 반복
13단 (겉뜨기로 2코 모아뜨기) 6, 겉31, (겉뜨기로 2코 모아뜨기) 6 (43코)
가터뜨기로 코막기

• 코

엄지손가락 방법으로 D실 6코를 잡는다.

1단(안면) 안뜨기
2단 겉1, (1코 만들기, 겉1) 끝까지 (11코)
3~5단 안뜨기 단으로 시작해서 메리야스뜨기 3단
6단 겉4, 겉뜨기로 3코 모아뜨기, 겉4 (9코)
7단 안3, 안뜨기로 3코 모아뜨기, 안3 (7코)
8단 겉2, 겉뜨기로 3코 모아뜨기, 겉2 (5코)
9단 안1, 안뜨기로 3코 모아뜨기, 안1 (3코)
실을 바늘이 있는 코에 통과시킨 다음 잡아당기고 코 사이에 실을 1번 더 통과시켜서 풀리지 않게 한다.

마무리하기

• 발, 다리, 몸통, 머리

양발의 끝단을 단단히 꿰매고 마커 표시한 발가락 끝부분과 시작코 부분은 감침질한다. 다리 솔기가 뒤꿈치 안면 위에서 2cm에 오게 한다. 발가락과 발의 속을 채워서 다리 끝단에 꿰매어 잇고 하복부를 둥글게 꿰맨다. 다리 속을 채워서 몸통 끝단에 꿰매어 잇는다. 몸통 속과 머릿속을 채우고 머리 윗부분 실을 꽉 잡아당겨서 묶은 후 바느질한다. 몸통 윗부분과 같은 실 2가닥을 잡고 몸통 윗부분의 마지막 단 주변을 반 코마다 촘촘히 홈질해서 목 부분 모양을 잡는다. 실을 꽉 잡아당긴 후, 끝부분을 묶어 매듭이 목 안쪽에 오게 한다.

• 팔, 손

엄지손가락 부분과 손의 나머지 부분을 잘 꿰매고 안에 속을 채운다. 엄지손가락 부분에 속을 채울 때는 족집게나 가위 끝부분을 사용하면 쉽다. 손부터 겨드랑이 부분까지 꿰맨 후 팔에 속을 채운다. 엄지손가락이 앞을 향하도록 양팔을 이어준다. 이때 팔의 윗부분이 목의 아래단에 위치하게 한다.

• 튜닉, 벨트

어깨솔기 부분을 꿰맨다. 인형에 튜닉을 입히고 앞판 가운데 부분을 홈질한다. 허리끈으로 쓸 꼬인 실은 구리색 실 3가닥으로 만드는데, 실 길이는 150cm로 한다. (171쪽을 참고하여 수놓은 자국이 안 보이게 처리한다.) 허리끈을 인형의 허리에 묶어주고 끝부분을 잘 정리한다.

• 샌들

밑창에 있는 시작코 부분을 반으로 접어서 단 끝부분을 감침질한다. 밑창을 발바닥 밑에 꿰매어 잇는다. 뒤의 모든 모서리를 샌들의 바깥 모서리에 꿰맨다. 사진을 참고하여 스트랩을 꿰맨다.

• 수염, 머리카락, 코, 눈

앞면의 바깥쪽 모서리와 수염 뒷부분을 감침질하는데, 수염 안을 약간 채운다. 수염의 윗부분을 얼굴에 꿰매 고정한다. 사진을 참고하면서 머리카락을 달고 얼굴 옆에 달린 머리도 고정한다. 코 부분 시작코를 반으로 접어서 꿰매 이어준다. 코 안에 작은 방울솜을 넣고 얼굴 중앙에 코를 단다. 코 윗부분에 핀 2개로 눈을 달아줄 자리를 나란히 표시하는데, 미간에 뜨개질 코가 7개가 되게 한다. 눈은 검은색으로 수놓는데, 표시해놓은 핀 주변에 작은 체인 스티치로 5땀을 수놓아 원을 만들고 다시 체인 스티치로 한 땀을 수놓아 원들을 합친다.(171쪽을 참고하여 수놓은 자국이 안 보이게 처리한다.)

HOW TO MAKE
암탉, 황금알, 둥지

• 몸통, 머리

엄지손가락 방법으로 B실로 10코 잡고 아래단부터 안면에서 시작한다.

1, 3, 5, 7, 9단 안뜨기
2단 (겉1, 1코 만들기, 겉3, 1코 만들기, 겉1) 2 (14코)
4단 (겉1, 1코 만들기, 겉5, 1코 만들기, 겉1) 2 (18코)
6단 (겉1, 1코 만들기, 겉7, 1코 만들기, 겉1) 2 (22코)
8단 (겉1, 1코 만들기, 겉9, 1코 만들기, 겉1) 2 (26코)
10단 (겉1, 1코 만들기, 겉11, 1코 만들기, 겉1) 2 (30코)
11단 안뜨기

꼬리 모양 잡기
12단 겉5, 뒤집기
13단 안뜨기 방향으로 1코 걸러 뜨고 남은 코 안뜨기
14단 겉3, 뒤집기
15단 안뜨기 방향으로 1코 걸러 뜨고 남은 코 안뜨기
16단 겉뜨기
17단 안5, 뒤집기
18단 겉뜨기 방향으로 1코 걸러 뜨고 남은 코 겉뜨기
19단 안3, 뒤집기
20단 겉뜨기 방향으로 1코 걸러 뜨고 남은 코 겉뜨기
21단 안뜨기
22~23단 단 시작부분 8코 코막기 (14코)
24단 겉뜨기로 2코 모아뜨기, 2코 남기고 겉뜨기, 겉뜨기로 2코 모아뜨기 (12코)
25~27단 안뜨기 단으로 시작해서 3단 메리야스뜨기
28단 끝까지 겉뜨기로 2코 모아뜨기 (6코)
실을 바늘이 있는 코에 통과시킨 다음 잡아당기고 코 사이에 실을 1번 더 통과시켜서 풀리지 않게 한다.

• 발

엄지손가락 방법으로 Q실로 4코 잡고 안면에서 시작한다.

1~5단 안뜨기 단으로 시작해서 5단 메리야스뜨기
겉뜨기 방향으로 코막기

• 볏

엄지손가락 방법으로 L실로 6코 잡는다. 실을 바늘이 있는 코에 통과시킨 다음 잡아당기고 코 사이에 실을 1번 더 통과시켜서 풀리지 않게 한다.

• 부리

엄지손가락 방법으로 Q실로 6코 잡는다.

1단(안면) (안뜨기로 2코 모아뜨기) 3 (3코)
실을 바늘이 있는 코에 통과시킨 다음 잡아당기고 코 사이에 실을 1번 더 통과시켜서 풀리지 않게 한다.

• 모이주머니

엄지손가락 방법으로 L실로 8코 잡고 바깥면에서 시작한다.
안뜨기 방향으로 코막기

• 눈(한 쌍)

엄지손가락 방법으로 L실 8코를 잡는다.

1단(안면) 안2, (안뜨기로 2코 모아뜨기) 2, 안2 (6코)
2단 겉1, (겉뜨기로 2코 모아뜨기) 2, 겉1 (4코)
실을 바늘이 있는 코에 통과시킨 다음 잡아당기고 코 사이에 실을 1번 더 통과시켜서 풀리지 않게 한다.

• 날개(한 쌍)

엄지손가락 방법으로 X실 4코를 잡는다.

1단(안면) (안뜨기 방향으로 코 늘리기) 끝까지 (8코)
2~5단 겉뜨기 단으로 시작해서 4단 메리야스뜨기
6단 겉뜨기로 2코 모아뜨기, 겉4, 겉뜨기로 2코 모아뜨기 (6코)
7단 안뜨기
8단 겉뜨기로 2코 모아뜨기, 겉2, 겉뜨기로 2코 모아뜨기 (4코)

마무리하기

실을 바늘이 있는 코에 통과시킨 다음 잡아당기고 코 사이에 실을 1번 더 통과시켜서 풀리지 않게 한다.

• 둥지

엄지손가락 방법으로 K실 8코를 잡고 둥지 안쪽 가운데부터 가터뜨기로 시작한다.

1단(바깥면) (겉뜨기 방향으로 코 늘리기) 끝까지 (16코)
2~3단 가터뜨기
4단 (겉뜨기 방향으로 코늘리기, 겉1) 끝까지 (24코)
5~6단 가터뜨기
7단 (겉뜨기 방향으로 코 늘리기, 겉2) 끝까지 (32코)
8~22단 가터뜨기
23단 (겉뜨기로 2코 모아뜨기, 겉2) 끝까지 (24코)
24~25단 가터뜨기
26단 (겉뜨기로 2코 모아뜨기, 겉1) 끝까지 (16코)
27~28단 가터뜨기
29단 (겉뜨기로 2코 모아뜨기) 끝까지 (8코)
실을 바늘이 있는 코에 통과시킨 다음 잡아당기고 코 사이에 실을 1번 더 통과시켜서 풀리지 않게 한다.

• 달걀(3개)

엄지손가락 방법으로 Q실 7코를 잡는다.

1단(안면) 안뜨기
2단 겉1, (1코 만들기, 겉1) 끝까지 (13코)
3~4단 안뜨기 한 단 후 겉뜨기 한 단
5단 안1, (안뜨기로 2코 모아뜨기, 안1) 끝까지 (9코)
바늘에 실을 꿰어서 코 사이로 통과시키고 헐렁한 상태로 놔둔다.

• 몸통, 머리

몸통과 머리 끝단을 꿰매 이어주고 뒤에서 코를 막는다. 몸통, 머리, 꼬리의 안을 채운다. 시작코를 반으로 접어서 감침질한다.

• 발

발을 반으로 접어서 시작코 부분을 감침질하여 코를 막는다. 닭 몸통을 평평한 곳에 놓고 발 자리를 잡아준 다음 바느질해 단다.

• 볏, 부리, 모이주머니

머리 윗부분에 아랫면이 둥근 모양을 잡을 수 있게 신경쓰며 볏을 단다. 얼굴 앞에 부리를 둥그렇게 단다. 모이주머니를 반으로 접어서 부리 밑부분에 단다. 눈 장식을 얼굴 바깥쪽에 둥그렇게 단다.

• 날개

날개를 반으로 접어서 아래단을 감침질한다. 몸통 양쪽에 각각 단다.

• 눈

검은색 실로 작은 체인 스티치를 놓아 눈을 표시한다. (171쪽을 참고하여 수놓은 자국이 안 보이게 처리한다.)

• 둥지, 달걀

바깥면에서 둥지 밑단을 감침질하면서 시작코 부분을 둥그렇게 모양 잡고 실을 당겨서 풀리지 않게 한다. 둥지 안쪽이 모이게 하고 실이 풀리지 않게 중앙의 2단을 통과시켜 꿰맨다. 달걀의 끝단에서 끝단까지 동그랗게 말아 올린 후 실을 잡아당겨 풀리지 않게 한다. 시작코 부분을 둥글게 모으고 잡아당겨 풀리지 않게 한 다음 끝단을 완전히 꿰매 붙인다. 둥지 중앙에 달걀을 꿰맨다.

HOW TO MAKE 하프

• 틀

엄지손가락 방법으로 Q실로 6코 잡고 안면에서 시작한다. 안뜨기 단으로 시작해서 24cm가 될 때까지 메리야스뜨기를 한다. 코를 막는다.

• 하프 발

엄지손가락 방법으로 Q실로 8코 잡고 안면에서 시작한다.

1~13단 안뜨기 단으로 시작해서 13단 메리야스뜨기
코막기

마무리하기

빨대를 8cm, 5cm로 자른다. 반짝이 모루 3개를 23cm로 자른다. 잘라놓은 빨대 2개 안에 자른 반짝이 모루를 하나로 모아 넣는다. 이때 각각의 빨대는 반짝이 모루 양 끝에 놓이게 하고 가운데 오는 반짝이 모루는 10cm가 되게 한다. 짜놓은 하프 틀이 빨대와 반짝이 모루를 감싸도록 끝단을 감침질해서 이어준다. 반짝이 모루를 하프 모양으로 구부린다. 하프 발 부분의 시작코와 마무리코를 모아서 감침질한다. 하프 발의 한쪽 모서리를 꿰매 이으면서 속을 채우고 남은 모서리도 꿰맨다. 하프 틀 끝에 하프 발을 이어서 꿰매고 이으면서 하프 줄을 금색 실로 단다.

HOW TO MAKE 도끼

• 손잡이

엄지손가락 방법으로 F실 6코를 잡고 안면부터 시작한다. 안뜨기 단으로 시작해서 9cm가 될 때까지 가터뜨기를 한다.
코막기

• 도끼머리

엄지손가락 방법으로 X실 10코를 잡는다.

1단(안면) 안뜨기
2단 겉1, (겉뜨기로 2코 모아뜨기)* 4, 겉1 (6코)
3~19단 안뜨기 단으로 시작해서 17단 메리야스뜨기
20단 겉1, (1코 만들기, 겉1) 2, (겉1, 1코 만들기) 2, 겉1 (10코)
21단 안뜨기
겉뜨기 방향으로 코막기

마무리하기

빨대를 8cm 길이로 자른다. 잘라놓은 빨대에 도끼 손잡이 부분을 감으면서 끝단을 바느질해 잇는다. 도끼 손잡이 윗부분과 아랫부분을 동그랗게 마무리하고 실을 잡아당겨 풀리지 않게 한다. 도끼 손잡이 윗부분에서 6mm 밑에 도끼머리 자리를 잡는다. 도끼머리에 끝단을 이어지게 꿰매고 손잡이에 단다. 작은 방울솜을 도끼머리에 넣고 족집게나 가위로 끝까지 밀어준 다음에 시작코와 마무리코 부분을 감침질한다.

옛날 옛적에 백설공주라고 불리는 예쁘고 사랑스러운 공주님이 살고 있었어요.
백설공주한테는 못된 새엄마가 있었는데, 그녀는 자신이 왕국에서 가장 아름다운 여자이길 바랐어요.
공주의 미모를 질투한 새엄마는 백설공주를 숲으로 쫓아내고 영원히 돌아오지 않기를 바랐답니다.

SNOW WHITE & THE SEVEN DWARFS

백설공주와 일곱 난쟁이

뜨개 준비

• 크기

백설공주 22cm
일곱 난쟁이 18cm

• 준비물

DK실 대략적인 양
남색(A) 5g
연분홍색(B) 15g
흰색(C) 15g
미디엄 블루(D) 10g
빨간색(E) 15g
노란색(F) 15g
검은색(G) 10g
로얄 블루(H) 15g
갈색(I) 10g
옅은 황갈색(J) 10g
보라색(K) 5g
라일락색(L) 5g
주황색(M) 5g
연파랑색(N) 5g
페트롤 블루(O) 5g
암적색(claret)(P) 5g
암녹색(Q) 5g
초록색(R) 5g
브라이트 핑크(S) 5g
연보라색(T) 5g
연한 적갈색(U) 5g
은회색(V) 5g
진회색(W) 5g
금색(X) 5g
검정, 빨강, 연분홍, 로얄블루 실 여분
3.25mm 대바늘 한 쌍, 같은 사이즈 여분용 바늘 1개
끝에 동그란 구멍이 달린 시침핀, 수예용 바늘
작은 부분 솜을 채워 넣을 때 쓸 족집게
아크릴 솜

• 게이지

3.25mm 대바늘, DK실(병태사), 26코×34단, 10×10cm, 메리야스뜨기

• 작업지침

특별한 지시가 없으면 모든 밑단 솔기는 오른쪽 방향으로 메리야스 잇기를 한다. 시접용으로 한 단 남겨놓는다.

• 신발, 다리, 몸통, 머리

44쪽 잭의 엄마를 만들 때와 같이 신발, 다리, 몸통, 머리를 만든다. 신발은 A실, 다리는 B실, 하체는 C실, 상체는 D실, 그리고 목과 머리는 B실을 사용한다.

• 치마

엄지손가락 방법으로 E실 72코를 잡고 가터뜨기로 치마 밑단부터 바깥면에서 시작한다.

1~4단 가터뜨기
5~20단 겉뜨기 단으로 시작해서 메리야스뜨기 16단
21단 (겉뜨기로 2코 모아뜨기, 겉4) 끝까지 (60코)
22~26단 안뜨기 단으로 시작해서 메리야스뜨기 5단
27단 (겉뜨기로 2코 모아뜨기, 겉3) 끝까지 (48코)
28~30단 안뜨기 단으로 시작해서 메리야스뜨기 3단
31단 (겉뜨기로 2코 모아뜨기, 겉2) 끝까지 (36코)
겉뜨기 방향으로 코막기

• 소매, 팔, 손(한 쌍)

엄지손가락 방법으로 F실 4코를 잡고 소매 어깨부터 시작한다.

1단(안면) 안뜨기
2단 겉1, (1코 만들기, 겉1) 끝까지 (7코)
3단 안뜨기
4단 겉1, 1코 만들기, 마지막코까지 겉뜨기, 1코 만들기, 겉1 (9코)
5~8단 3~4단 계속 반복 (13코)
마지막 단 시작코와 마지막코에 마커로 표시하기
9단 안뜨기
10~21단 B실로 바꿔서 팔을 뜬다. 겉뜨기 단으로 시작해서 메리야스뜨기 12단
22단 겉3, (겉뜨기로 2코 모아뜨기, 겉3) 2 (11코)
손목으로 모아줄 마지막 단에 마커 표시하기
23~27단 안뜨기 단으로 시작해서 메리야스뜨기 5단
28단 겉뜨기로 2코 모아뜨기, (겉1, 겉뜨기로 2코 모아뜨기) 끝까지 (7코)
실을 바늘이 있는 코에 통과시킨 다음 잡아당기고 코 사이에 실을 1번 더 통과시켜서 풀리지 않게 한다.

• 소매 프릴(한 쌍)

엄지손가락 방법으로 F실 20코를 잡고 안면에서 시작한다.

1~2단 안뜨기 1단, 겉뜨기 1단(나중에 아랫부분으로 돌릴 부분)
피코 단 겉2, (실을 앞으로 가져오고, 겉뜨기로 2코 모아뜨기) 끝까지
4~6단 겉뜨기 단으로 시작해서 메리야스뜨기 3단, 겉뜨기 단으로 끝낸다.
겉뜨기 방향으로 코막기

• 머리카락

45쪽 잭의 엄마를 만들 때와 같이 만든다. G실을 사용한다.

• 깃

45쪽 잭의 엄마를 만들 때와 같이 D실을 사용한다.

• 머릿수건

45쪽 잭의 엄마를 만들 때와 같이 H실을 사용한다.

마무리하기

• 신발, 다리, 몸통, 머리

45쪽 잭의 엄마를 만들 때와 같이 마무리한다.

• 치마

45쪽 잭의 엄마를 만들 때와 같이 마무리한다.

• 소매, 팔, 손

손의 단 끝을 꿰매고 족집게나 가위 끝부분으로 속을 조금 채운다. 손목부터 겨드랑이까지 마커 표시한 곳에 소매를 단다. 소매 속을 채우고 진동 부분은 막지 않고 놔둔다. 연분홍색 실 2가닥을 잡아서 손목 부분 마커 표시 근처 단에 개더링 스티치로 꿰매고, 반 코마다 안팎으로 번갈아 가면서 바느질하여 손목 모양을 잡는다. 꽉 잡아당기고 매듭이 손목 안쪽에 위치하게 묶는다.

• 소매프릴

단이 밑으로 가게 돌리고, 소매프릴을 팔 주변에 놓고 단 끝부분을 꿰맨다. 소매 프릴 마무리 코가 소매의 1째 단과 둥글게 이어지도록 바느질한다. 팔을 인형 몸통에 하나씩 단다. 시작코가 팔의 가장 윗부분이 되게 하고, 목에서 2째 단 위치에 단다.

• 특징 잡기, 머리카락, 자수

46쪽 잭의 엄마를 만들 때와 같이 머리카락을 달고 특징을 잡는다. 그림을 참고하며 드레스 상체는 로얄블루색 실로 수놓는다. (171쪽을 참고하여 수놓은 자국이 안 보이게 처리한다.)

• 깃

46쪽 잭의 엄마를 만들 때와 같이 마무리한다.

• 머릿수건

46쪽 잭의 엄마를 만들 때와 같이 마무리한다.

HOW TO MAKE
난쟁이

먼저 설명에 나와 있는 색깔로 난쟁이 인형 하나를 만들고, 실을 바꿔가면서 나머지 인형을 만든다. K실과 L실, F실과 M실 ,N실과 O실, E실과 P실, Q실과 R,실 S실과 T실이 각각 난쟁이에게 쓰인다. 머리카락과 수염 색깔은, 1명이 U실, 다른 1명이 V실, 나머지 4명이 C실을 사용한다.

• 부츠, 다리, 몸통, 머리

오른쪽 다리
엄지손가락 방법으로 I실 10코를 잡고 부츠 밑바닥부터 시작한다. 시작코 중 4번째 코와 5번째 코 사이에 마커 표시를 한다.

1단(안면) 안뜨기
2단 겉1, (1코 만들기, 겉1) 끝까지 (19코)
3~5단 안뜨기 단으로 시작해서 메리야스뜨기 3단

부츠 모양 잡기
6단 겉1, (겉뜨기로 2코 모아뜨기)7, 겉4 (12코)
7~9단 안뜨기 단으로 시작해서 메리야스뜨기 3단
10~19단 J실로 바꿔서 메리야스뜨기 10단
실을 끊고 한쪽으로 치워둔다.

왼쪽 다리
엄지손가락 방법으로 I실 10코를 잡고 부츠 밑바닥부터 시작한다. 시작코 중 6번째 코와 7번째 코 사이에 마커 표시를 한다.

1단(안면) 안뜨기
2단 겉1, (1코 만들기, 겉1) 끝까지 (19코)
3~5단 안뜨기 단으로 시작해서 메리야스뜨기 3단

부츠 모양 잡기
6단 겉4, (겉뜨기로 2코 모아뜨기) 7, 겉1 (12코)
7~9단 안뜨기 단으로 시작해서 메리야스뜨기 3단
10~19단 J실로 바꿔서 메리야스뜨기 10단

다리 잇기
18단 왼쪽 다리를 겉뜨기하고 이어서 같은 실로 오른쪽 다리를 겉뜨기한다. (24코)
19~21단 안뜨기 단으로 시작해서 메리야스뜨기 3단
22~33단 D실로 바꿔서 상체를 뜬다. 겉뜨기 단으로 시작해서 메리야스뜨기 12단
34~43단 B실로 바꿔서 머리를 뜬다. 메리야스뜨기 10단

정수리 모양 잡기
44단 (겉뜨기로 2코 모아뜨기, 겉1) 끝까지

(16코)
45단 안뜨기
46단 (겉뜨기로 2코 모아뜨기) 끝까지 (8코)
바늘에 실을 꿰어서 코 사이로 통과시키고 느슨한 상태로 놔둔다.

• 부츠 탑(한 쌍)

엄지손가락 방법으로 I실 18코를 잡고 겉면부터 시작한다.
안뜨기 방향으로 코막기

• 튜닉 치마, 벨트

엄지손가락 방법으로 H실 36코를 잡고 아래단부터 겉면에서 가터뜨기로 시작한다.

1~2단 가터뜨기
3~6단 겉뜨기 단으로 시작해서 메리야스뜨기 4단
G실로 바꿔서 벨트를 뜨면서 코를 줄인다.
7단 겉2, 겉뜨기로 2코 모아뜨기, (겉4, 겉뜨기로 2코 모아뜨기) 2코 남을 때까지, 겉2 (30코)
겉뜨기 방향으로 코막기

• 팔, 손

엄지손가락 방법으로 튜닉 치마와 같은 색 실을 5코 잡는다.

1단(안면) 안뜨기
2단 겉1, (1코 만들기, 겉1) 끝까지 (9코)
3~11단 안뜨기 단으로 시작해서, 메리야스뜨기 9단
12~13단 B실로 바꿔서 메리야스뜨기 2단
14단 (겉뜨기로 2코 모아뜨기, 겉1) 끝까지 (6코)
실을 바늘이 있는 코에 통과시킨 다음 잡아당기고 코 사이에 실을 1번 더 통과시켜서 풀리지 않게 한다.

• 머리카락

엄지손가락 방법으로 C실 24코를 잡고 아래단부터 겉면에서 가터뜨기로 시작한다.

1~12단 가터뜨기

정수리 모양 잡기

13단 (겉뜨기로 2코 모아뜨기, 겉1) 끝까지 (16코)

14단 겉뜨기

15단 (겉뜨기로 2코 모아뜨기) 끝까지 (8코)

실을 바늘이 있는 코에 통과시킨 다음 잡아당기고 코 사이에 실을 1번 더 통과시켜서 풀리지 않게 한다.

• 모자

엄지손가락 방법으로 상체와 같은 색 실을 32코 잡아 겉면에서 시작한다.

1~8단 겉뜨기 단으로 시작해서 메리야스뜨기 8단

9단 (겉뜨기로 2코 모아뜨기, 겉2) 끝까지 (24코)

10~12단 안뜨기 단으로 시작해서, 메리야스뜨기 3단

13단 (겉뜨기로 2코 모아뜨기, 겉2) 끝까지 (18코)

14~16단 안뜨기 단으로 시작해서 메리야스뜨기 3단

17단 (겉뜨기로 2코 모아뜨기, 겉1) 끝까지 (12코)

18단 안뜨기

19단 (겉뜨기로 2코 모아뜨기) 끝까지 (6코)

실을 바늘이 있는 코에 통과시킨 다음 잡아당기고 코 사이에 실을 1번 더 통과시켜서 풀리지 않게 한다.

• 수염

엄지손가락 방법으로 C실 4코를 잡고 아래단부터 겉면에서 가터뜨기로 시작한다.

1~6단 가터뜨기

7단 겉3, 1코 만들기, 겉1 (5코)

8~10단 가터뜨기

11단 겉4, 1코 만들기, 겉1 (6코)

12~22단 가터뜨기

23단 겉3, 겉뜨기로 2코 모아뜨기, 겉1 (5코)

24~26단 가터뜨기

27단 겉2, 겉뜨기로 2코 모아뜨기, 겉1 (4코)

28~33단 가터뜨기 6단 , 겉면에서 마무리

가터뜨기로 코막기

※곡괭이, 삽, 랜턴 등 난쟁이 1명당 맘에 드는 공구 하나씩을 만든다.

• 곡괭이

곡괭이 머리

V실을 사용해 3코를 만들고 안면에서 시작한다.

1, 3단 안뜨기

2단 겉1, 1코 만들기, 겉1, 1코 만들기, 겉1 (5코)

4단 겉1, 1코 만들기, 겉3, 1코 만들기, 겉1 (7코)

5~13단 안뜨기 단으로 시작해서 메리야스뜨기 9단

14단 겉1, 겉뜨기로 2코 모아뜨기, 겉1, 겉뜨기로 2코 모아뜨기, 겉1 (5코)

15단 안뜨기
16단 겉1, 겉뜨기로 3코 모아뜨기, 겉1 (3코)
17단 안뜨기
실을 바늘이 있는 코에 통과시킨 다음 잡아당기고 코 사이에 실을 1번 더 통과시켜서 풀리지 않게 한다.

곡괭이 손잡이

V실을 사용해 6코를 만들고 안면에서 시작한다.

1~7단 안뜨기 단으로 시작해서 메리야스뜨기 7단
W실로 바꿔서 8cm가 될 때까지 메리야스뜨기를 한다.
메리야스뜨기로 코막기

• 삽

삽 머리

W실로 16코를 잡고 안면에서 시작한다.

1~5단 안뜨기 단으로 시작해서 메리야스뜨기 5단
6단 겉2, (겉뜨기로 2코 모아뜨기) 2, 겉4, (겉뜨기로 2코 모아뜨기) 2, 겉2 (12코)
7~9단 안뜨기 단으로 시작해서 메리야스뜨기 3단
10단 겉1, (겉뜨기로 2코 모아뜨기) 2, 겉2, (겉뜨기로 2코 모아뜨기) 2, 겉1 (8코)
11단 (안뜨기로 2코 모아뜨기) 끝까지 (4코)

삽 손잡이

W실로 6코를 잡고 안면에서 시작한다.

1~5단 안뜨기 단으로 시작해서 메리야스뜨기 5단
V실로 바꿔서 5cm가 될 때까지 메리야스뜨기를 한다. 메리야스뜨기로 코막기

삽 손잡이 끝부분

V실로 6코를 잡고 안면에서 시작한다. 안뜨기 단으로 시작해서 4cm가 될 때까지 메리야스뜨기 한다. 메리야스뜨기로 코막기

• 랜턴

엄지손가락 방법으로 G실 6코를 잡는다.

1단(안면) 안뜨기
2단 (겉뜨기로 1코 늘리기) 끝까지 (12코)
3단 겉뜨기
4~5단 X실로 이어서 겉뜨기 단으로 시작한 뒤 메리야스뜨기 2단
6~7단 실을 느슨히 해서 윗부분으로 옮긴 다음, G실을 사용해 가터뜨기 2단
8~11단 4~7단 반복
12~13단 G실로 계속해서 겉뜨기 1단을 뜨고 안뜨기 1단을 뜬다.
14단 (겉뜨기로 2코 모아뜨기, 겉1) 끝까지 (8코)
15~16단 안뜨기 1단, 겉뜨기 1단
17단 (안뜨기로 2코 모아뜨기) 끝까지 (4코)
실을 바늘이 있는 코에 통과시킨 다음 잡아당기고 코 사이에 실을 1번 더 통과시켜서 풀리지 않게 한다.

랜턴 막대

W실로 6코를 잡고 안면에서 시작한다. 안뜨기 단으로 시작해서 15cm가 될 때까지 메리야스뜨기를 한다. 메리야스뜨기로 코막기

마무리하기

• 부츠, 다리, 몸통, 머리

부츠 끝단을 꿰매고 마커 표시 부분이 발가락 끝에 오게 해서 시작코 부분을 감침질한다. 뒷굽 안쪽 6mm 부분에 다리 솔기가 온다. 양쪽 부츠 발가락 부분에 속을 채우고 족집게나 가위 끝으로 밀어 넣는다.
다리 끝단을 바느질해 잇고 하복부는 둥그렇게 바느질한다. 족집게나 가위 끝으로 속을 밀어 넣어 채운다.
몸통부터 정수리까지 끝단을 바느질한다. 몸통과 머리에 속을 채우고 실을 단단히 당기고 끝단을 바느질해서 마무리한다.
목의 모양을 잡으려면 상체와 같은 색 실 2가닥을 잡아 몸통 윗부분의 마지막 단에 둥글게 러닝 스티치를 넣는다. 하복부는 반 코마다 안팎으로 꿰맨다. 꽉 잡아당기고 실을 매듭지은 다음 매듭이 목의 안쪽으로 들어가게 한다.

• 튜닉 치마, 벨트

튜닉 치마와 벨트 끝단을 바느질하여 인형에 단다. 몸통의 1째 단을 따라 둥글게 벨트를 단다.

• 팔

팔의 단 끝부분을 바느질한 다음 빈 공간을 좀 남기고 속을 족집게나 가위 끝부분을 이용해서 채운다. 남긴 부분을 바느질하고 시작코 부분을 둥글게 모은 다음 실을 잡아당겨서 풀리지 않게 마무리한다. 몸통 양쪽에 팔을 단다.

• 특징잡기

목에서 5단 윗부분에 눈 자리를 잡고 핀을 꽂는데 눈 사이에 2코가 있게 한다. 머리 윗부분부터 꽉 잡아당겨 포인트를 주는 것부터 시작해서, 눈 부분은 검은색 실을 사용해 수직방향으로 체인 스티치를 넣는다. 핀으로 표시한 부분에서 시작해서 한 단 아래에서 끝낸다. 코는 연분홍색실을 사용해 눈 바로 밑단에서 수평방향으로 5땀을 한 땀 위에 연속적으로 수놓아 한 덩어리로 만든다. 빨간 색연필로 볼 부분을 칠한다. 벨트 버클은 금색 실로 스트레이트 스티치를 수놓아 만든다. (171쪽을 참고하여 수놓은 자국이 안 보이게 처리한다.)

• 머리카락

43쪽 잭의 머리카락처럼 마무리한다.

• 모자

모자의 끝단을 바느질하고 모자 윗부분에 솜을 조금 채운 다음 머리 위에 올린다. 핀으로 고정시킨 다음 모자 끝단을 머리에 바느질해 이어준다.

• 수염

개더링 스티치로 직선으로 뻗은 단의 끝부분을 바느질한다. 수염 윗부분 모서리를 모아 얼굴 주변에 달고 수염의 끝부분을 양쪽 머리카락 쪽에 이어준다.

• 곡괭이

빨대를 13mm로 자르고 반짝이 모루를 4cm 길이로 2개 자른다. 빨대 안에 반짝이 모루를 넣고 빨대가 반짝이 모루의 가운데에 오게 한 다음에 곡괭이 머리 부분으로 감싸면서 바느질한다. 끝단을 잘 이어서 꿰맨다. 곡괭이 머리 양 끝을 살짝 구부려준다.
또 다른 빨대를 7.5cm로 자른 후 손잡이 부분으로 감싸면서 끝단이 잘 이어지게 바느질한다. 마무리코가 손잡이 윗부분에서 동그랗게 모이도록 실을 꽉 잡아당기고 매듭짓는다. 곡괭이 머릿부분 밑단 중앙에 손잡이를 단다. 완성된 곡괭이를 난쟁이에게 달아준다.

• 삽

삽 단의 끝부분과 뒷부분 중앙을 꿰매고 잠시 치워둔다. 빨대를 5cm로 자르고, 반짝이 모루를 9cm 길이로 2개 자른다. 빨대 안에 반짝이 모루를 넣고 빨대가 제일 윗부분에 가게 한다. 반짝이 모루를 바깥쪽으로 둥그렇게 구부려 삽 모양으로 만든 다음 삽 머리 부분에 넣는다. 삽 머리 부분의 시작코를 감침질한다.
손잡이를 만들 때는 미리 길게 떠놓은 것을 빨대 주변에 감고 감침질한다. 삽의 머리 부분을 손잡이 밑에 단다. 빨대를 2.5cm로 자르고 짧게 떠놓은 것을 주변에 감고 감침질한다. 짧은 부분의 양 끝을 동그랗게 구부리고 실을 잡아당긴 후 매듭짓는다. 이렇게 만든 것을 손잡이 위에 단다. 완성된 삽을 난쟁이에게 달아준다.

• 랜턴

랜턴의 시작코 부분을 동그랗게 모은 뒤 끝단을 이어주는데 빈 부분을 조금 남겨놓는다. 족집게나 가위 끝을 사용해 속을 채우고, 빈 부분을 꿰맨다. 랜턴 주변에 직선 모양으로 수를 놓는다.
랜턴이 달린 막대를 만들 때는 먼저 빨대를 14cm로 자르고 랜턴 막대를 주변에 감고 감침질한다. 윗부분과 아랫부분을 동그랗게 모은 다음 실을 잡아당긴 후 매듭짓는다. 막대의 13mm 아래에 랜턴을 단다. 마음에 드는 난쟁이에게 달아준다.

신데렐라는 새엄마와 의붓언니 두 명과 살았어요.
그들은 신데렐라에게 누더기 옷을 입히고, 온갖 집안일을 시키면서 못되게 굴었어요.
어느 날, 신데렐라 가족 모두 왕궁에서 열리는 무도회에 초대받았어요.
그러나 못된 새엄마는 신데렐라가 무도회에 가는 걸 허락하지 않았답니다.

CINDERELLA

신데렐라

뜨개 준비

• 크기

신데렐라 22cm
요정 대모 23cm
왕자 22cm
유리구두를 들고 있는 시종 17cm

• 준비물

DK실 대략적인 양
진회색(A) 10g
연분홍색(B) 20g
흰색(C) 10g
회색이 도는 파란색(D) 10g
은회색(E) 10g
연한 황갈색(F) 10g
빨간색(G) 20g
금색(H) 15g
에어 포스 블루(I) 5g
보라색(J) 5g
선홍색(K) 10g
미디엄 블루(L) 30g
레몬색(M) 5g
검은색(N) 5g
페트롤 블루(O) 20g
갈색(P) 5g
포도색(Q) 5g
적갈색(R) 5g
아이스 블루(S) 5g
검정, 빨강, 연분홍, 금색 실 여분
3.25mm 대바늘 한 쌍과 똑같은 사이즈의 여분 바늘 1개
끝에 동그란 구멍이 달린 시침핀
족집게
아크릴 솜
빨간 색연필
빨대 1개
흰색 펠트 천 조금
섬유 접착제
수예용 바늘과 하얀 실

• 게이지

3.25mm 대바늘, DK실(병태사), 26코×34단, 10×10cm, 메리야스뜨기

• 작업지침

특별한 지시가 없으면 모든 밑단 솔기는 오른쪽 방향으로 메리야스 잇기를 한다. 시접용으로 한 단 남겨놓는다.

HOW TO MAKE
누더기를 입은 신데렐라

• 신발, 다리, 몸통, 머리

오른쪽 신발과 다리
엄지손가락 방법으로 A실 14코를 잡고 신발 바닥부터 시작한다. 시작코의 5번째 6번째 코 사이에 마커 표시를 한다.

1단(안면) 안뜨기
2단 겉2, (1코 만들기, 겉2) 끝까지 (20코)
3~7단 안뜨기 단으로 시작해서 메리야스뜨기 5단

신발 모양 잡기
8단 (겉1, 겉뜨기로 2코 모아뜨기) 2, 겉2, (겉뜨기로 2코 모아뜨기, 겉1) 2, 겉6 (16코)
9단 안뜨기
B실로 바꿔서 다리를 뜨면서 코를 줄인다.
10단 (겉2, 겉뜨기로 2코 모아뜨기) 2, 겉8 (14코)
11~33단 안뜨기 단으로 시작해서 메리야스뜨기 23단
실을 끊고 잠시 옆으로 치워둔다.

• 왼쪽 신발, 다리

엄지손가락 방법으로 A실 14코를 잡고 신발 바닥부터 시작한다. 시작코의 9번째 10번째 코 사이에 마커 표시를 한다.

1단(안면) 안뜨기
2단 겉2, (1코 만들기, 겉2) 끝까지 (20코)
3~7단 안뜨기 단으로 시작해서 메리야스뜨기 5단

신발 모양 잡기
8단 겉7, (겉뜨기로 2코 모아뜨기, 겉1) 2, (겉1, 겉뜨기로 2코 모아뜨기) 2, 겉1 (16코)
9단 안뜨기
B실로 바꿔서 다리를 뜨면서 코를 줄인다.
10단 겉8, (겉뜨기로 2코 모아뜨기, 겉2) 2 (14코)
11~33단 안뜨기 단으로 시작해서, 메리야스뜨기 23단

다리 합치기
34단 C실로 바꿔서 몸통 아래를 뜨는데, 왼쪽 다리부터 겉뜨기로 시작해서 같은 실로 계속해서 오른쪽 다리도 겉뜨기 (28코)
35~41단 안뜨기 단으로 시작해서 메리야스뜨기 7단
42~55단 D실로 바꿔서 몸통 위를 뜬다. 메리야스뜨기 14단
56~57단 B실로 바꿔서 머리를 뜬다. 메리야스뜨기 2단
58단 *겉4, (1코 만들기, 겉2) 4, 겉2 ~ * 1번 반복 (36코)
59~73단 안뜨기 단으로 시작해서 메리야스뜨기 15단

정수리 모양 잡기
74단 (겉뜨기로 2코 모아뜨기, 겉2) 끝까지 (27코)
75, 77단 안뜨기
76단 (겉뜨기로 2코 모아뜨기, 겉1) 끝까지 (18코)
78단 (겉뜨기로 2코 모아뜨기) 끝까지 (9코)
바늘에 실을 꿰어서 코 사이로 통과시키고 느슨하게 놔둔다.

• 소매, 손, 소매단(한 쌍)

45쪽 책의 엄마처럼 소매, 손, 소매단을 각각 D실, B실, D실로 만든다.

• 치마, 앞치마

엄지손가락 방법으로 E실 60코를 잡고 치마 밑단부터 가터뜨기로 겉면에서 시작한다.

1~2단 가터뜨기 3~18단 D실을 연결, 겉뜨기 단으로 시작해서 메리야스뜨기 16단, 2단은 D실, 2단은 E실 번갈아가면서 줄무늬를 넣는다. 실을 느슨하게 윗부분으로 이어간다. 끝까지 스트라이프를 넣은 후 코를 줄인다.
19단 (겉뜨기로 2코 모아뜨기, 겉3) 끝까지(48코)
20~24단 안뜨기 단으로 시작해서, 메리야스뜨기 5단, 줄무늬 넣기
C실로 바꿔서 앞치마 허리밴드를 뜨면서 코를 줄인다.
25단 (겉뜨기로 2코 모아뜨기, 겉2) 끝까지 (36코)
26~27단 가터뜨기 2단, 바깥쪽 단에서 끝내기

등 모양 잡기
28단 12코를 겉뜨기 방향으로 코막기, 겉11(오른쪽 바늘에 12코 남음), 12코 코막기 후 잡아당기기 (12코)

앞치마
29단 C실을 남은 코에 이어서 겉뜨기 1단
30단 겉2, 2코 남기고 안뜨기, 겉2
31단 겉뜨기
32~37단 30~31단 3번 반복, 바깥쪽 단에서 끝내기
겉뜨기 방향으로 코막기

• 머리카락

45쪽 책의 엄마처럼 F실로 머리카락을 만든다.

• 앞치마

엄지손가락 방법으로 C실 14코를 잡고 밑단부터 가터뜨기로 겉면에서 시작한다.

1~2단 가터뜨기
3단 겉뜨기
4단 겉2, 안10, 겉2
5~18단 3~4단 7번 이상 반복
겉뜨기 방향으로 코막기

마무리하기

• 목끈

엄지손가락 방법으로 C실 34코 잡기

1단(바깥면) 겉뜨기
겉뜨기 방향으로 코막기

• 리본

엄지손가락 방법으로 C실 35코를 잡고 겉면에서 시작한다.
안뜨기 방향으로 코막기

• 패치장식

하나는 G실로 다른 하나는 H실로 만든다. 엄지손가락 방법으로 실 4코를 잡고 겉면에서 시작한다.

1~3단 가터뜨기
가터뜨기로 코막기

• 머릿수건

45쪽 책의 엄마처럼 I실로 만든다.

• 신발, 다리, 몸통, 머리

신발 끝단을 꿰매고 마커 표시 부분이 발가락 끝부분에 오게 해서 시작코 부분을 감침질한다. 뒤꿈치 안쪽 8mm 부분에 다리 솔기가 온다. 발목을 꿰매고 양쪽 발가락에 속을 조금 채운다. 다리 끝단을 바느질하고 하복부는 둥그렇게 바느질한다. 몸통을 채우고 머리 절반까지 끝단을 꿰맨다. 머리에 속을 채우고 코를 꽉 잡아당겨서 단 끝부분을 꿰매 마무리한다. 몸통과 같은 색의 실 2가닥을 잡고 상체 마지막 단을 따라 둥그렇게 러닝 스티치를 넣는데, 반 코마다 안팎으로 바느질한다. 꽉 잡아당겨 목 모양을 잡고 매듭이 목 안쪽에 생기게 마무리 짓는다.

• 소매, 손, 소매단

45쪽 책의 엄마처럼 마무리한다.

• 치마, 앞치마

치마 밑에 단을 꿰매고 인형에 단다. 허리 부분의 마무리코가 상체의 1째 단에 오게 바느질한다.

• 특징 잡기와 머리카락

46쪽 책의 엄마처럼 특징을 잡고 머리카락을 단다.

• 앞치마, 목끈, 리본

앞치마가 치마 앞부분 중앙에 오게 한 다음 허리밴드 부분에 마무리코 부분을 꿰맨다. 앞치마의 밑단을 치마에 바느질한다. 목 끈의 한쪽 끝을 가슴받이에 달고, 목 뒤쪽으로 감아 내려서 다른 쪽 가슴받이에도 단다. 리본 모양을 잡아서 등 뒤 허리 밴드에 단다.

• 패치 장식

사진을 참고해서 까만 실로 앞치마에 패치 장식을 단다.

• 머릿수건

46쪽 책의 엄마처럼 머릿수건을 마무리한다.

HOW TO MAKE
요정 대모

• 신발, 다리, 몸통, 머리

※신데렐라처럼 만들되 신발은 J실, 다리는 B실, 하체는 C실, 상체는 K실, 머리는 B실로 만든다.

• 치마

엄지손가락 방법으로 C실 70코를 잡고 아래단 안면에서 시작한다.

1~2단 안뜨기 1단, 겉뜨기 1단 끝까지 (나중에 아랫부분으로 돌릴 부분)
피코 단 겉2, (실을 앞으로 가져오고, 겉뜨기로 2코 모아뜨기)
4~5단 겉뜨기 1단, 안뜨기 1단
6~7단 L실로 바꿔서 가터뜨기 2단
8단 겉4, (겉뜨기로 2코 모아뜨기, 겉4) 끝까지 (59코)
9단 겉1, (안1, 겉1) 끝까지 (이렇게 뜨는 걸 멍석 뜨기라고 한다. 뒤에 반복해서 나온다.)
10~27단 멍석뜨기 18단
28~37단 K실로 바꿔서 멍석뜨기 10단
38단 겉1, 안1, 겉1, (안뜨기로 3코 모아뜨기, 멍석7) 5, 안뜨기로 3코 모아뜨기, 겉1, 안1, 겉1 (47코)
39~41단 멍석뜨기 3단
42단 겉, (안뜨기로 3코 모아뜨기, 겉1, 안1, 겉1) 7, 안뜨기로 3코 모아뜨기, 겉1 (31코)
멍석뜨기로 코막기

• 소매, 손(한 쌍)

45쪽 책의 엄마를 만들 때처럼 만들되 소매에는 K실, 손에는 B실을 써서 만든다.

• 머리카락

45쪽 책의 엄마를 만들 때처럼 만들되 C실을 사용해서 만든다.

• 올림머리

엄지손가락 방법으로 C실 12코를 잡고 겉면에서 가터뜨기로 시작한다.

1~2단 가터뜨기
3단 (겉뜨기로 1코 늘리기, 겉1) 끝까지 (18코)
4~8단 가터뜨기
9단 (겉뜨기로 2코 모아뜨기, 겉1) 끝까지 (12코)
10단 (겉뜨기로 2코 모아뜨기) 끝까지 (6코)
실을 바늘이 있는 코에 통과시킨 다음 잡아당기고 코 사이에 실을 1번 더 통과시켜서 풀리지 않게 한다.

• 깃

엄지손가락 방법으로 J실 63코를 잡고 아래단부터 안면에서 시작한다.

1~2단 안뜨기 1단, 겉뜨기 1단(나중에 아랫부분으로 돌릴 부분)
피코 단 겉1, (실을 앞으로 가져오고, 겉뜨기로

2코 모아뜨기) 끝까지
4~5단 겉뜨기 1단, 안뜨기 1단
6~7단 가터뜨기
8단 겉3, (겉뜨기로 2코 모아뜨기, 겉3) 끝까지 (51코)
9단 겉1, (안1, 겉1) 끝까지 (멍석뜨기)
10~14단 멍석뜨기
15단 겉2, (겉뜨기로 3코 모아뜨기, 겉1) 끝까지, 겉1 (27코)
16단 멍석뜨기
멍석뜨기로 코막기

• 날개(한 쌍)

엄지손가락 방법으로 L실 8코를 잡고 등 가운데 부분부터 시작한다.

1단(안면) 안뜨기
2단 (겉1, 1코 만들기) 2, 마지막 2코 남기고 겉뜨기, (1코 만들기, 겉1) 2 (12코)
3~16단 1~2단 계속 반복 (40코)
17~35단 안뜨기 단으로 시작해서 메리야스뜨기 19단
36단 (겉뜨기로 2코 모아뜨기, 겉16, 겉뜨기로 2코 모아뜨기) 2 (36코)
37, 39, 41단 안뜨기
38단 *(겉뜨기로 2코 모아뜨기) 2, 겉10, (겉뜨기로 2코 모아뜨기) 2, * 1번 반복 (28코)
40단 *(겉뜨기로 2코 모아뜨기) 2, 겉6, (겉뜨기로 2코 모아뜨기) 2, * 1번 반복 (20코)
42단 *(겉뜨기로 2코 모아뜨기) 2, 겉2, (겉뜨기로 2코 모아뜨기) 2, * 1번 반복 (12코)
43단 (안뜨기로 2코 모아뜨기) 끝까지 (6코)
실을 바늘이 있는 코에 통과시킨 다음 잡아당기고 코 사이에 실을 1번 더 통과시켜서 풀리지 않게 한다.

• 요술지팡이

엄지손가락 방법으로 C실 5코를 잡고 안면에서 시작한다. 안뜨기 단으로 시작해서 8cm가 될 때까지 메리야스뜨기
코막기

마무리하기

• 신발, 다리, 몸통, 머리

누더기를 입은 신데렐라처럼 만든다.

• 치마

시작코가 아래로 향하게 피코 단을 따라 돌리고, 치마 끝단을 바느질하여 인형에 단다. 치마 마지막 단이 상체 1째 단 주변에 둥그렇게 자리 잡도록 바느질한다.

• 머리카락과 올림머리

46쪽 책의 엄마처럼 머리카락을 마무리한다. 머리 끝단을 꿰매고 족집게나 가위 끝부분을 사용해서 속을 채운다. 머리카락 부분에서 가장 윗쪽에 올림머리 아래단을 둥글게 꿰맨다.

• 깃

시작코가 아래로 향하게 피코 단을 따라 돌리고, 목주변을 따라 달고 밑단을 꿰맨다. 마무리 코 부분을 목에 꿰맨다.

• 날개

직선으로 뻗은 단이 서로 바라보게 접어준 다음 서로 이어지게 꿰맨다. 속을 채운 후 모양을 잡아주면서 밑단을 꿰맨다. 날개가 서로 마주보게 나란히 놓은 다음 가운데 부분을 꿰매서 하나로 이어지게 만든다. 등 쪽에 단다.

• 요술 지팡이

빨대를 7cm로 자른다. 미리 짜놓은 요술지팡이를 빨대에 두르고 밑단을 꿰매서 감싸준다. 윗부분과 아랫부분을 둥그렇게 만들고 실을 잡아당겨 묶는다. 아래에 나와 있는 그림을 참고해서 하얀 펠트 천을 잘라 별 모양을 2장 민든다. 지팡이 윗부분에 별 2장이 서로 마주보게 놓고 섬유용 접착제로 붙여준다. 수예용 바늘과 실로 별 테두리를 감침질한다. 접착제가 마를 때까지 기다렸다가 손에 지팡이를 단다.

HOW TO MAKE
드레스를 입은 신데렐라

• 신발, 다리, 몸통, 머리

44쪽 잭의 엄마처럼 만들되 신발은 C실, 다리는 B실, 몸통 아랫부분은 C실, 상체는 H실, 목과 머리는 B실로 만든다.

• 치마

엄지손가락 방법으로 M실 60코를 잡고 밑단부터 가터뜨기로 겉면에서 시작한다.

1~8단 가터뜨기
9~28단 C실을 이어서 겉뜨기 단으로 시작해 메리야스뜨기로 20단에 줄무늬를 넣는다. 2단은 C실, 2단은 M실로 번갈아가며 실을 느슨히 위로 가져가며 뜬다. 끝까지 반복한다.
29단 (겉뜨기로 2코 모아뜨기, 겉3) 끝까지 (48코)
30~34단 안뜨기 단으로 시작해서 5단 메리야스뜨기로 줄무늬 넣기
35단 (겉뜨기로 2코 모아뜨기, 겉2) 끝까지 (36코)
36단 안뜨기
M실로 코막기

• 드레스 자락

엄지손가락 방법으로 H실 46코를 잡고 아래단부터 겉면에서 시작한다.

1~6단 가터뜨기
7~36단 겉뜨기 단으로 시작해서 30단 메리야스뜨기, 매 단 처음 2코는 겉뜨기, 마지막 2코는 안뜨기
37단 겉2, (겉뜨기로 2코 모아뜨기, 겉2) 끝까지 (35코)
안뜨기 방향으로 코막기

• 소매, 손, 소매단(한 쌍)

45쪽 잭의 엄마를 만들 때처럼 만들되 소매와 소매단에는 H실, 손에는 B실을 써서 만든다.

• 머리카락

45쪽 잭의 엄마를 만들 때처럼 만들되 F실을 써서 만든다.

• 깃

45쪽 잭의 엄마를 만들 때처럼 만들되 H실을 써서 만든다.

• 올림머리(한 쌍)

엄지손가락 방법으로 F실 12코를 잡고 가터뜨기로 겉면에서 시작한다.

1~2단 가터뜨기
3단 (겉뜨기로 1코 늘리기, 겉2) 끝까지 (16코)
4~6단 가터뜨기
7단 (겉뜨기로 2코 모아뜨기, 겉2) 끝까지 (12코)
8단 (겉뜨기로 2코 모아뜨기) (6코)
실을 바늘이 있는 코에 통과시킨 다음 잡아당기고 코 사이에 실을 1번 더 통과시켜서 풀리지 않게 한다.

마무리하기

- **신발, 다리, 몸통, 머리**

45쪽 잭의 엄마를 만들 때처럼 마무리한다.

- **드레스 치마와 자락**

치마 밑단을 꿰맨 후 인형에 단다. 치마의 마무리코가 상체의 1째 단에 위치하도록 바느질한다. 드레스 자락을 허리 주변에 두르고 앞 쪽 중앙에서 양 끝이 만나게 한다. 드레스 자락의 마무리코가 치마보다 한 단 위에 위치하도록 하고 둥글게 모양을 잡으며 꿰맨다.

- **소매, 손, 소매단(한 쌍)**

45쪽 잭의 엄마를 만들 때처럼 마무리한다.

- **깃**

46쪽 잭의 엄마를 만들 때처럼 마무리한다.

- **특징 잡기**

46쪽 잭의 엄마를 만들 때처럼 마무리한다.

- **머리와 올림머리**

46쪽 잭의 엄마를 만들 때처럼 머리를 마무리한다. 올림머리의 끝단을 마무리하듯 꿰매주고 머리카락 양쪽에 하나씩 단다.

HOW TO MAKE
왕자

• 신발, 다리, 몸통, 머리

누더기를 입은 신데렐라처럼 만들되 신발은 N실, 다리는 C실, 하체는 A실, 상체는 O실, 머리는 B실로 만든다.

• 반바지

첫 번째 다리
엄지손가락 방법으로 O실 20코를 잡고 밑단부터 겉면에서 시작한다.

1~2단 안뜨기 1단 후 겉뜨기 1단
3단 겉9, 1코 만들기, 겉2, 1코 만들기, 겉9 (22코)
4~14단 안뜨기 단으로 시작해서 메리야스뜨기 11단
15~16단 각 단의 시작코 2코 막기 (18코)
실을 끊고 잠시 옆에 놔둔다.

두 번째 다리
첫 번째 다리와 똑같이 진행하되 실은 끊지 않는다.

다리 합치기
17단 겉면이 앞에 오게 한 후 두 번째 다리부터 겉뜨기, 이어서 같은 실로 첫 번째 다리에 이어서 겉뜨기 (36코)
18~24단 안뜨기 단으로 시작해서, 메리야스뜨기 7단
코막기

• 튜닉

엄지손가락 방법으로 G실 52코를 잡고 아래단부터 가터뜨기로 겉면에서 시작한다.

1~4단 가터뜨기
5~8단 O실로 바꿔서 겉뜨기 단으로 시작, 메리야스뜨기 4단
9단 (겉10, 겉뜨기로 2코 모아뜨기, 겉2, 겉뜨기로 2코 모아뜨기, 겉10) 2 (48코)
10~12단 메리야스뜨기
13단 (겉9, 겉뜨기로 2코 모아뜨기, 겉2, 겉뜨기로 2코 모아뜨기, 겉10) 2 (44코)
14~16단 메리야스뜨기
17단 (겉8, 겉뜨기로 2코 모아뜨기, 겉2, 겉뜨기로 2코 모아뜨기, 겉8) 2 (40코)
18~26단 안뜨기 단으로 시작해서 메리야스뜨기 9단
27단 겉1, 겉뜨기로 2코 모아뜨기, (겉2, 겉뜨기로 2코 모아뜨기) 끝까지, 겉1 (30코)
안뜨기 방향으로 코막기

• 소매, 손(한 쌍)

45쪽 잭의 엄마처럼 만들되 O실로 소매를, B실로 손을 만든다.

• 소매단

엄지손가락 방법으로 G실 18코를 잡고 아래단부터 가터뜨기로 겉면에서 시작한다.

1~2단 가터뜨기
3단 겉3, (겉뜨기로 2코 모아뜨기, 겉3) 끝까지 (15코)
가터뜨기로 코막기

• 머리카락

45쪽 잭의 엄마를 만들 때처럼 만들되 P실로 만든다.

• 왕관

엄지손가락 방법으로 M실 25코를 잡고 안면에서 시작한다.

1~2단 안뜨기 1단, 겉뜨기 1단
피코 단 겉1, (실을 앞으로 가져오고, 겉뜨기로 2코 모아뜨기) 끝까지
4~5단 겉뜨기 1단, 안뜨기 1단
코막기

• 망토 깃

엄지손가락 방법으로 G실 20코를 엄지손가락 방법으로 잡고 가터뜨기로 시작한다.

1단(겉면) 겉뜨기
2단 *겉2, (1코 만들기, 겉1) 9, 겉1, * 1번 반복 (42코)
3단 겉38, 뒤집기
4단 겉뜨기 방향으로 1코 건너뛰기, 겉33, 뒤집기
5단 겉뜨기 방향으로 1코 건너뛰기, 겉29, 뒤집기
6단 겉뜨기 방향으로 1코 건너뛰기, 겉25, 뒤집기
7단 겉뜨기 방향으로 1코 건너뛰기, 겉뜨기 끝까지
8단 겉3, (1코 만들기, 겉3) 끝까지 (55코)
가터뜨기로 코막기

• 망토

G실 30코를 잡고 아래단부터 가터뜨기로 겉면에서 시작한다.

1~18단 가터뜨기
19단 겉2, 겉뜨기로 2코 모아뜨기, 4코 남을 때까지 겉뜨기, 겉뜨기로 2코 모아뜨기, 겉2 (28코)
20~24단 가터뜨기
25~54단 19~24단 반복 (18코)
가터뜨기로 코막기

• 브로치

엄지손가락 방법으로 H실 9코를 잡는다.

1단(안면) 안뜨기
실을 바늘이 있는 코에 통과시킨 다음 잡아당기고 코 사이에 실을 1번 더 통과시켜서 풀리지 않게 한다. 끝단을 감침질한다.

마무리하기

• 신발, 다리, 몸통, 머리

누더기를 입은 신데렐라처럼 마무리한다.

• 반바지

하복부 부분 밑단부터 두 다리의 끝단을 바느질한다. 감침질해서 둥근 하복부 모양을 잡아주고 등쪽 부분까지 바느질한다. 반바지 마무리코를 상체 첫 번째 단에 둥글게 바느질해서 이어 붙인다.

• 튜닉

튜닉을 인형에 둘러주고 솔기가 등 쪽 중앙에 오게 한 후 끝단을 꿰맨다. 튜닉의 마무리코를 목 부분에 바느질해 이어준다.

• 소매, 손, 소매단

손의 끝단을 바느질로 마무리하면서, 족집게나 가위 끝부분으로 속을 조금 채운다. 손목부터 겨드랑이까지 마커 표시한 곳에 소매를 단다. 소매에 속을 채우고 진동은 막지 않고 놔둔다. 몸통 양쪽에 팔을 달고 튜닉을 통과시켜 몸통에 꿰맨다. 소매단을 손목 주변에 달고 끝단을 바느질해 마무리한다. 소매단의 마무리코가 손목에 둥글게 놓이도록 바느질한다.

• 특징 잡기

46쪽 잭의 엄마처럼 특징을 잡는다.

• 머리카락, 왕관

46쪽 잭의 머리카락처럼 마무리한다.
미리 짜둔 왕관의 겉면이 보이게 펼쳐놓고 시작코와 마무리코가 서로 만나게 한 후 감침질한다. 왕관을 구부려 머리에 핀으로 고정한 다음 바느질해서 단다.

• 망토 깃, 망토, 브로치

망토 깃을 목에 두르고 턱 아랫부분에서 만나게 한다. 망토 깃의 시작코를 목에 꿰맨다. 망토 깃의 마무리코를 목 뒤쪽, 깃 아래에 꿰맨다. 턱 밑 망토 깃에 브로치를 단다.

HOW TO MAKE
시종

• 신발, 다리, 몸통, 머리

오른쪽 다리
엄지손가락 방법으로 N실 10코를 잡고 신발 바닥부터 시작한다. 시작코의 4~5째 코 가운데에 마커 표시한다.

1단(안면) 안뜨기
2단 겉1, (1코 만들기, 겉1) 끝까지 (19코)
3~5단 안뜨기 단으로 시작해서 메리야스뜨기 3단

신발 모양 잡기
6단 겉1, (겉뜨기로 2코 모아뜨기) 7, 겉4 (12코)
7~27단 C실로 바꿔서 다리를 뜬다. 안뜨기 단으로 시작해서 메리야스뜨기 21단
실을 끊고 잠시 옆에 놔둔다.

왼쪽 다리
엄지손가락 방법으로 N실 10코를 잡고 신발 바닥부터 시작한다. 시작코의 6번째, 7번째 코 가운데에 마커 표시한다.

1단(안면) 안뜨기
2단 겉1, (1코 만들기, 겉1) 끝까지 (19코)
3~5단 안뜨기 단으로 시작해서 메리야스뜨기 3단

신발 모양 잡기
6단 겉4, (겉뜨기로 2코 모아뜨기) 7, 겉1 (12코)
7~27단 C실로 바꿔서 다리를 뜬다. 안뜨기 단으로 시작해서 메리야스뜨기 21단

다리 합치기
A실로 바꿔서 하체를 만드는데 왼쪽 다리부터 겉뜨기를 해서, 같은 실로 오른쪽 다리까지 계속 겉뜨기 (24코)
29(35코) 안뜨기 단으로 시작해서 메리야스뜨기 7단
36~49단 Q실로 바꿔서 상체를 뜨고 메리야스뜨기 14단
50~51단 B실로 바꿔서 머리를 뜬다. 메리야스뜨기 2단
52단 겉3, (1코 만들기, 겉6) 3, 1코 만들기, 겉3 (28코)
53(59코) 안뜨기 단으로 시작해서 메리야스뜨기 7단
정수리 모양 잡기
60단 (겉뜨기로 2코 모아뜨기, 겉2) 끝까지 (21코)
61, 63단 안뜨기
62단 (겉뜨기로 2코 모아뜨기, 겉1) 끝까지 (14코)
64단 (겉뜨기로 2코 모아뜨기) 끝까지 (7코)
실을 바늘이 있는 코에 통과시킨 다음 느슨하게 놔둔다.

• 반바지

40쪽 잭의 반바지를 만들 때처럼 만들되 G실을 사용해서 만든다.

• 튜닉

엄지손가락 방법으로 H실 44코를 잡고 밑단부터 가터뜨기로 겉면에서 시작한다.

1~2단 가터뜨기
3~8단 Q실로 바꿔서 겉뜨기 단으로 시작해서 메리야스뜨기 6단
9단 겉4, (겉뜨기로 2코 모아뜨기, 겉2) 4, 겉6, (겉뜨기로 2코 모아뜨기, 겉2) 4, 겉2 (36코)
10(22코) 안뜨기 단으로 시작해서, 메리야스뜨기 13단
23단 겉3, (겉뜨기로 2코 모아뜨기) 6, 겉6, (겉뜨기로 2코 모아뜨기) 6, 겉3 (24코)
안뜨기 방향으로 코막기

• 소매, 손

41쪽 잭을 만들 때처럼 만들되 소매는 Q실로 손은 B실로 만든다.

• 소매단

엄지손가락 방법으로 H실 16코를 잡고 가터뜨기로 겉면에서 시작한다.

1~2단 가터뜨기
3단 겉1, 겉뜨기로 2코 모아뜨기, (겉2, 겉뜨기로 2코 모아뜨기) 끝까지, 겉1 (12코)
가터뜨기로 코막기

• 깃

엄지손가락 방법으로 H실 24코를 잡고 가터뜨기로 밑단부터 시작한다.

1단(바깥면) 겉4, 뒤집기
2단 겉뜨기 방향으로 1코 건너뛰기, 겉뜨기 끝까지
3단 겉6, 뒤집기
4단 겉뜨기 방향으로 1코 건너뛰기, 겉뜨기 끝까지
5단 모든 코 겉뜨기
6~9단 1~5단 반복
가터뜨기로 코막기

• 머리카락

42쪽 잭의 머리카락을 만들 때처럼 만들되 R실로 만든다.

• 쿠션

엄지손가락 방법으로 G실로 12코를 잡고 안면에서 시작한다.

1~29단 안뜨기 단으로 시작해서 메리야스뜨기 29단
코막기

• 유리구두

엄지손가락 방법으로 S실 9코를 잡고 안면에서 시작한다.

1, 3, 5단 안뜨기
2단 겉1, (1코 만들기, 겉1) 끝까지 (17코)
4단 겉4, (겉뜨기로 2코 모아뜨기) 2, 겉1, (겉뜨기로 2코 모아뜨기) 2, 겉4 (13코)
6단 겉5, 겉뜨기로 3코 모아뜨기, 겉5 (11코)
겉뜨기 방향으로 코막기

마무리하기

• 신발, 다리, 몸통, 머리

신발 끝단을 꿰매고 마커 표시 부분이 발가락 끝부분에 오게 해서 시작코 부분을 감침질한다. 뒷굽 안쪽 6mm 부분에 다리 솔기가 온다. 발목을 꿰매고 양쪽 발가락 부분에 속을 조금 채운다. 다리 끝단을 바느질하고 하복부는 둥그렇게 바느질한다. 몸통을 채우고 머리 부분 절반까지 끝단을 꿰맨다. 머리에 속을 채우고 코를 꽉 잡아당겨서 끝단을 꿰매 마무리한다. 몸통과 같은 색의 실을 2가닥 잡고 상체 마지막 단을 따라 둥그렇게 러닝 스티치를 넣는데, 반 코마다 안팎으로 바느질한다. 꽉 잡아당겨 목 모양을 잡고 매듭이 목 안쪽에 생기게 마무리 짓는다.

• 반바지

43쪽 잭처럼 마무리한다.

• 튜닉

튜닉을 인형 몸통에 두르고 등 가운데 부분에 꿰맨다. 마무리코를 목 주위에 둥글게 바느질한다.

• 소매, 손

43쪽 잭처럼 소매와 손을 마무리하는데, 쿠션을 들 수 있도록 팔을 앞으로 뻗어서 바느질한다.

• 소매단

손목 주위에 소매단을 두르고 끝단을 감침질한다. 소매단의 끝단을 손목에 둥글게 바느질한다.

• 깃

깃을 목 주변에 두르고 턱 밑에서 양 끝이 만나게 한다. 깃의 뾰족한 부분은 가슴과 연결해서 바느질하고, 마무리코가 목 주변에 둥글게 위치하도록 꿰맨다.

• 특징 잡기, 머리카락

43쪽 잭처럼 특징을 잡고 머리카락을 마무리한다.

• 쿠션, 유리구두

쿠션의 시작코와 마무리코가 만나게 바느질해서 이어준다. 한쪽 끝을 바느질해 속을 채운 다음 다른 한 쪽도 마저 바느질한다. 금색 실을 사용해서 쿠션 바깥 솔기 부분에 수를 놓는다. 유리구두의 시작코를 반으로 접어서 감침질한다. 유리구두의 끝단을 감침질하고 쿠션에 단다. 완성된 쿠션을 시종의 손에 달아준다.

깊고 깊은 바닷속에 있는 바다 왕국에 인어왕과 다섯 딸이 살고 있었어요.
시레네타는 가장 어리고 귀여운 딸로, 아주 아름다운 목소리를 가지고 있었답니다.
어느 날 수면 근처에서 헤엄치고 있던 시레네타는 젊은 남자가 배에서 바다로 떨어지는 걸 봤어요.

THE LITTLE MERMAID

인어공주

뜨개 준비

• 크기

인어공주 25cm

• 준비물

DK실 대략적인 양
연분홍색(A) 15g
아쿠아 블루(B) 15g
보라색(C) 5g
검정, 빨강, 연분홍색 실 여분
머리카락용 밝은 노란색 실 10g
3.25mm 대바늘 한 쌍
끝에 동그란 구멍이 달린 시침핀
족집게
아크릴 솜
빨간 색연필

• 게이지

3.25mm 대바늘, DK실(병태사), 26코×34단, 10×10cm, 메리야스뜨기

• 작업지침

특별한 지시가 없으면 모든 밑단 솔기는 오른쪽 방향으로 메리야스 잇기를 한다. 시접용으로 한 단 남겨놓는다.

HOW TO MAKE
인어공주

• 머리, 몸

엄지손가락 방법으로 A실 8코를 잡고 정수리 안면에서 시작한다.

1, 3, 5, 7단 안뜨기
2단 겉1, (1코 만들기, 겉1) 끝까지 (15코)
4단 겉1, (1코 만들기, 겉2) 끝까지 (22코)
6단 겉1, (1코 만들기, 겉3) 끝까지 (29코)
8단 겉1, (1코 만들기, 겉4) 끝까지 (36코)
9~23단 안뜨기 단으로 시작해서 메리야스뜨기 15단
목 부분이 될 마지막 단에 마커 표시한다.
24~41단 메리야스뜨기
B실로 바꿔서 코 줄이기
42단 겉1, (겉뜨기로 2코 모아뜨기, 겉5) 끝까지 (31코)
43단 겉1, (안1, 겉1) 끝까지
44~55단 멍석뜨기
56단 멍석6, 겉뜨기로 3코 모아뜨기, 멍석13, 겉뜨기로 3코 모아뜨기, 멍석6 (27코)
57~65단 멍석뜨기
66단 멍석6, 겉뜨기로 3코 모아뜨기, 멍석9, 겉뜨기로 3코 모아뜨기, 멍석6 (23코)
67~73단 멍석뜨기
74단 멍석4, 겉뜨기로 3코 모아뜨기, 멍석9, 겉뜨기로 3코 모아뜨기, 멍석4 (19코)
75~81단 멍석뜨기
82단 멍석4, 겉뜨기로 3코 모아뜨기, 멍석5, 겉뜨기로 3코 모아뜨기, 멍석4 (15코)
83~85단 멍석뜨기
86단 멍석2, 겉뜨기로 3코 모아뜨기, 멍석5, 겉뜨기로 3코 모아뜨기, 멍석2 (11코)
87~88단 멍석뜨기, 겉면 단에서 마무리
멍석뜨기로 코막기

• 꼬리지느러미

엄지손가락 방법으로 B실 7코를 잡는다.

1단(안면) 안뜨기
2단 겉1, (1코 만들기, 겉1) 끝까지 (13코)
3단 안뜨기
4단 겉1, (안1, 겉1) 끝까지
5단 안1, (겉1안1) 끝까지
6~15단 4~5단 반복
16단 겉1, (겉뜨기로 2코 모아뜨기) 끝까지 (7코)
17단 안1, (안뜨기로 2코 모아뜨기, 안1) 2 (5코)
실을 바늘이 있는 코에 통과시킨 다음 잡아당기고 코 사이에 실을 한 번 더 통과시켜서 풀리지 않게 한다.

● 비키니탑

컵(한 쌍)
엄지손가락 방법으로 C실 4코를 잡는다.

1단(안면) 안뜨기
2단 겉1, (1코 만들기, 겉1) 끝까지 (7코)
3~5단 안뜨기 단으로 시작해서 메리야스뜨기 3단
6단 겉1, (겉뜨기로 2코 모아뜨기, 겉1) 2 (5코)
7단 안뜨기
8단 겉뜨기로 2코 모아뜨기, 겉1, 겉뜨기로 2코 모아뜨기 (3코)
실을 바늘이 있는 코에 통과시킨 다음 잡아당기고 코 사이에 실을 한 번 더 통과시켜서 풀리지 않게 한다.

끈
엄지손가락 방법으로 C실 28코를 잡고 겉면에서 시작한다.
안뜨기 방향으로 코막기

● 팔(한 쌍)

엄지손가락 방법으로 A실 8코를 잡고 윗부분부터 시작한다.

1단(안면) 안뜨기
2단 겉1 (1코 만들기, 겉2) 3, 1코 만들기, 겉1 (12코)
3~19단 안뜨기 단으로 시작해서 메리야스뜨기 17단
손목이 될 마지막 단에 마커 표시한다.
20~25단 메리야스뜨기
26단 (겉뜨기로 2코 모아뜨기) 끝까지 (6코)
실을 바늘이 있는 코에 통과시킨 다음 잡아당기고 코 사이에 실을 한 번 더 통과시켜서 풀리지 않게 한다.

마무리하기

• 머리, 몸통

시작코가 동그랗게 모이게 실을 당기고 풀리지 않게 묶는다. 몸의 끝단을 바느질해서 마무리하는데 머리에 틈을 좀 남겨두고 속을 채운 다음에 틈을 꿰맨다. 몸통과 같은 색의 실을 2가닥 잡고 상체 마지막 단을 따라 동그랗게 러닝 스티치를 넣는데, 반 코마다 안팎으로 바느질한다. 꽉 잡아당겨 목 모양을 잡고 매듭이 목 안쪽에 생기게 마무리 짓는다.

• 꼬리지느러미

끝단을 꿰매 마무리하는데 윗부분 약 13mm를 남겨놓고 속을 채운 다음 전부 꿰매서 마무리한다. 두 꼬리지느러미의 윗부분이 마주보도록 나란히 놓는다. 꼬리 밑에 지느러미를 단다.

• 비키니탑

두 컵의 시작코를 감침질한다. 바깥 테두리에 바느질하여 가슴 중앙에 컵을 단다. 끈은 우선 한쪽 컵 옆에 먼저 꿰매고 등 뒤로 한바퀴 돌려 등 중앙 나머지 컵 옆에 박음질한다.

• 팔

양쪽의 시작코 부분을 잡아당겨 동그랗게 모이게 하고 묶어서 고정한다. 끝단을 바느질해서 마무리하면서 속을 채워 넣는다. 목 아래 4째 단에 팔을 단다.

• 특징 잡기, 머리카락

눈 위치는 목에서 8단 위, 눈 사이에는 3코가 위치하게 잡아서 핀을 꽂는다. 검은색 실 두 가닥으로 수직 방향으로 체인 스티치를 넣는다. 표시한 부분에서 시작해서 끝날 때는 한 단 아래에서 끝낸다.
입은 빨간색 실로 얇은 V 모양을 넣는데 눈에서 4~5단 아래에 가로로 3코 정도 넣는다.
코는 연분홍색 실을 사용해 눈 바로 밑 단에서 수평방향으로 5땀을 한 땀 위에 연속적으로 수놓아 한 덩어리로 만든다. (171쪽을 참고하여 수놓은 자국이 안 보이게 처리한다.) 빨간 색연필로 볼 부분을 칠한다.
머리카락은 노란색 실을 38cm 길이로 60가닥 정도 잘라서 만든다. 길게 자른 실 하나를 잡아서 눈에서 6단 위, 머리 중앙에 고정하고 이마부터 바느질을 시작하는데, 등 쪽으로 내려와서 목에서 13mm 위에 박음질하고 한 땀 안에 머리카락 역할을 하는 실이 3가닥 들어가게 한다. 머리카락이 자연스럽게 흘러내리도록 하고 뒤통수에 맞춰 머리카락과 머리를 연결해 둥그렇게 박음질한다. 머리카락 끝부분이 허리 밑 13mm 정도로 오게 다듬는다.

한 농장에 작은 빨간 암탉이 양, 고양이, 돼지와 함께 살고 있었어요.
어느 화창한 일요일 아침, 암탉은 밀 낟알을 찾으려고 농장 근처를 혼자서 돌아다녔어요.
다른 동물들에게 낟알 심는 것을 도와주지 않겠느냐고 물었지만 다들 거절했답니다.

THE LITTLE RED HEN

빨간 암탉

뜨개 준비

• 크기

빨간 암탉 24cm

• 준비물

DK실 대략적인 양
빨간색(A) 40g
갈색(B) 5g
금색(C) 5g
검은색 실 여분 3.25mm
대바늘 한 쌍
끝에 동그란 구멍이 달린 시침핀
족집게 아크릴 솜

• 게이지

3.25mm 대바늘, DK실(병태사), 26코×34단, 10×10cm, 메리야스뜨기

• 작업지침

특별한 지시가 없으면 모든 밑단 솔기는 오른쪽 방향으로 메리야스 잇기를 한다. 시접용으로 한 단 남겨놓는다.

HOW TO MAKE
빨간 암탉

• 몸통

오른쪽 절반

엄지손가락 방법으로 A실 50코를 잡고 아랫단부터 시작한다.

1단(안면) 안뜨기
2단 겉40, 뒤집기
3단 안뜨기 방향으로 1코 건너뛰기, 안30, 뒤집기
4단 겉뜨기 방향으로 1코 건너뛰기, 겉뜨기 끝까지

5단 안뜨기
6단 (겉뜨기로 2코 모아뜨기, 겉8) 끝까지 (45코)
B실을 추가하고 A와 B로 줄무늬를 넣는다.
실은 느슨하게 위로 보내면서 한다.
7~8단 B실을 사용해서 안뜨기 2단
9단 A실로 바꿔서 안뜨기 1단
10단 겉36, 뒤집기
11단 안뜨기 방향으로 1코 건너뛰기, 안26, 뒤집기
12단 겉뜨기 방향으로1코 건너뛰기, 겉뜨기 끝까지
13단 안뜨기
14단 (겉뜨기로 2코 모아뜨기, 겉7) 끝까지 (40코)
15~16단 B실로 안뜨기 2단
17단 A실로 바꿔서 안뜨기 1단
18단 겉32, 뒤집기
19단 안뜨기 방향으로 1코 건너뛰기, 안22, 뒤집기
20단 겉뜨기 방향으로 1코 건너뛰기, 겉뜨기 끝까지
21단 안뜨기
22단 (겉뜨기로 2코 모아뜨기, 겉6) 끝까지 (35코)
23~24단 B실로 안뜨기 2단
25단 A실로 바꿔서 안뜨기 1단
26단 겉28, 뒤집기
27단 안뜨기 방향으로 1코 건너뛰기, 안18, 뒤집기
28단 겉뜨기 방향으로 1코 건너뛰기 겉뜨기 끝까지
29단 안뜨기
30단 (겉뜨기로 2코 모아뜨기, 겉5) 끝까지 (30코)
31~32단 B실로 안뜨기 2단
33단 A실로 바꿔서 안뜨기 1단
34단 겉24, 뒤집기
35단 안뜨기 방향으로 1코 건너뛰기, 안14, 뒤집기
36단 겉뜨기 방향으로 1코 건너뛰기, 겉뜨기 끝까지
37단 안뜨기
38단 (겉뜨기로 2코 모아뜨기, 겉3) 끝까지 (24코)
39~40단 B실로 안뜨기 2단
41~43단 A실로 바꿔서 안뜨기 단으로 시작해서 메리야스뜨기 3단
44단 (겉뜨기로 2코 모아뜨기, 겉2) 끝까지 (18코)
안뜨기 방향으로 코막기

왼쪽 절반

엄지손가락 방법으로 A실 50코를 잡고 아랫단부터 시작한다.

1단(안면) 안뜨기
2단 겉41, 뒤집기
3단 안뜨기 방향으로 1코 건너뛰기, 안30, 뒤집기
4단 겉뜨기 방향으로 1코 건너뛰기, 겉뜨기 끝까지
5단 안뜨기
6단 (겉8, 겉뜨기로 2코 모아뜨기,) 끝까지 (45코)
B실을 추가하고 A와 B로 줄무늬를 넣는다.
실은 느슨하게 위로 보내면서 한다.
7~8단 B실을 사용해서 안뜨기 2단
9단 A실로 바꿔서 안뜨기 1단
10단 겉36, 뒤집기
11단 안뜨기 방향으로 1코 건너뛰기, 안26, 뒤집기
12단 겉뜨기 방향으로1코 건너뛰기, 겉뜨기 끝까지
13단 안뜨기
14단 (겉7, 겉뜨기로 2코 모아뜨기) 끝까지 (40코)
15~16단 B실로 안뜨기 2단
17단 A실로 바꿔서 안뜨기 1단
18단 겉31, 뒤집기
19단 안뜨기 방향으로 1코 건너뛰기, 안22, 뒤집기
20단 겉뜨기 방향으로 1코 건너뛰기, 겉뜨기 끝까지
21단 안뜨기
22단 (겉6, 겉뜨기로 2코 모아뜨기) 끝까지 (35코)
23~24단 B실로 안뜨기 2단
25단 A실로 바꿔서 안뜨기 1단
26단 겉26, 뒤집기
27단 안뜨기 방향으로 1코 건너뛰기, 안18, 뒤집기
28단 겉뜨기 방향으로 1코 건너뛰기 겉뜨기 끝까지
29단 안뜨기
30단 (겉5, 겉뜨기로 2코 모아뜨기) 끝까지 (30코)
31~32단 B실로 안뜨기 2단
33단 A실로 바꿔서 안뜨기 1단
34단 겉21, 뒤집기
35단 안뜨기 방향으로 1코 건너뛰기, 안14, 뒤집기
36단 겉뜨기 방향으로 1코 건너뛰기, 겉뜨기 끝까지
37단 안뜨기
38단 (겉3, 겉뜨기로 2코 모아뜨기) 끝까지 (24코)
39~40단 B실로 안뜨기 2단
41~43단 A실로 바꿔서 안뜨기 단으로 시작해서 메리야스뜨기 3단
44단 (겉2, 겉뜨기로 2코 모아뜨기) 끝까지

(18코)
안뜨기 방향으로 코막기

• 머리

엄지손가락 방법으로 A실 40코를 잡고 안면부터 시작한다.

1~13단 안뜨기 단으로 시작해서 메리야스뜨기 13단
14단 (겉1, 겉뜨기로 2코 모아뜨기, 겉14, 겉뜨기로 2코 모아서 꼬아뜨기, 겉1) 2 (36코)
15, 17, 19, 21, 23단 안뜨기
16단 (겉1, 겉뜨기로 2코 모아뜨기, 겉12, 겉뜨기로 2코 모아서 꼬아뜨기, 겉1) 2 (32코)
18단 (겉1, 겉뜨기로 2코 모아뜨기, 겉10, 겉뜨기로 2코 모아서 꼬아뜨기, 겉1) 2 (28코)
20단 (겉1, 겉뜨기로 2코 모아뜨기, 겉8, 겉뜨기로 2코 모아서 꼬아뜨기, 겉1) 2 (24코)
22단 (겉1, 겉뜨기로 2코 모아뜨기, 겉6, 겉뜨기로 2코 모아서 꼬아뜨기, 겉1) 2 (20코)
24단 (겉뜨기로 2코 모아뜨기) 끝까지 (10코)
실을 바늘이 있는 코에 통과시킨 다음 잡아당기고 코 사이에 실을 한 번 더 통과시켜서 풀리지 않게 한다.

• 꼬리

엄지손가락 방법으로 A실 40코를 잡고 가터뜨기로 바깥면부터 시작한다.

1~8단 가터뜨기

꼬리 모양 잡기
9단 겉6, 뒤집어서 겉뜨기한 6코만 진행한다.
10~18단 가터뜨기
19단(겉면) 겉뜨기로 2코 모아뜨기, 겉2, 겉뜨기로 2코 모아뜨기 (4코)
20단 겉뜨기
실을 바늘이 있는 코에 통과시킨 다음 잡아당기고 코 사이에 실을 한 번 더 통과시켜서 풀리지 않게 한다.
21단 겉면을 앞으로 한 다음, 남은 코에 다시 실을 끼우고 겉8, 뒤집어서 겉뜨기한 8코만 진행한다.
22~32단 가터뜨기
33단 겉뜨기로 2코 모아뜨기, 겉4, 겉뜨기로 2코 모아뜨기 (6코)
34단 겉뜨기
35단 겉뜨기로 2코 모아뜨기, 겉2, 겉뜨기로 2코 모아뜨기 (4코)
36단 겉뜨기
실을 바늘이 있는 코에 통과시킨 다음 잡아당기고 코 사이에 실을 한 번 더 통과시켜서 풀리지 않게 한다.
37단 겉면을 앞으로 한 다음, 남은 코에 다시 실을 끼우고 겉12, 뒤집어서 겉뜨기한 12코만 진행한다.
38~46단 가터뜨기
47단 (겉뜨기로 2코 모아뜨기, 겉2, 겉뜨기로 2코 모아뜨기) 2 (8코)
48단 겉뜨기
바늘이 있는 코에 실을 통과시킨 다음 잡아당기고 코 사이에 실을 한 번 더 통과시켜서 풀리지 않게 한다.
49단 겉면을 앞으로 한 다음, 남은 코에 다시 실을 끼우고 겉8, 뒤집어서 겉뜨기한 8코만 진행한다.
50~64단 22~36단 반복 (4코)
실을 바늘이 있는 코에 통과시킨 다음 잡아당기고 코 사이에 실을 한 번 더 통과시켜서 풀리지 않게 한다.

• 볏(2장)

엄지손가락 방법으로 A실 10코를 잡고 안면부터 시작한다.

1~3단 안뜨기 단으로 시작해서 메리야스뜨기 3단
4단 (겉1, 1코 만들기)2, (겉2, 1코 만들기) 3, 겉1, 1코 만들기, 겉1 (16코)
5단 안5, 뒤집어서 안뜨기 한 5코만 진행한다.
6단 겉뜨기
7단 안뜨기
8단 겉뜨기로 2코 모아뜨기, 겉1, 겉뜨기로 2코 모아뜨기 (3코)
실을 바늘이 있는 코에 통과시킨 다음 잡아당기고 코 사이에 실을 한 번 더 통과시켜서 풀리지 않게 한다.
9단 남은 코에 다시 실을 끼우고 안6, 뒤집어서 안뜨기한 6코만 진행한다.
10~13단 겉뜨기 단으로 시작해서 메리야스뜨기 4단
14단 겉1, (겉뜨기로 2코 모아뜨기) 2, 겉1 (4코)
실을 바늘이 있는 코에 통과시킨 다음 잡아당기고 코 사이에 실을 한 번 더 통과시켜서 풀리지 않게 한다.
15단 남은 코에 다시 실을 끼우고 안5, 뒤집어서 안뜨기한 5코만 진행한다.
16단 겉뜨기
17단 안뜨기
18단 겉뜨기로 2코 모아뜨기, 겉1, 겉뜨기로 2코 모아뜨기 (3코)
실을 바늘이 있는 코에 통과시킨 다음 잡아당기고 코 사이에 실을 한 번 더 통과시켜서 풀리지 않게 한다.

• 부리

엄지손가락 방법을C실 13코를 잡아 시작한다.

1단(안면) 안뜨기
2단 겉뜨기로 2코 모아뜨기, 마지막 2코를 남기고 겉뜨기, 겉뜨기로 2코 모아뜨기 (20코)
3~8단 1~2단 계속 반복 (5코)
실을 바늘이 있는 코에 통과시킨 다음 잡아당기고 코 사이에 실을 한 번 더 통과시켜서 풀리지 않게 한다.

• 모이주머니(2장)

엄지손가락 방법으로 A실 3코를 잡고 제일 윗단부터 안면에서 시작한다.

1, 3단 안뜨기
2단 겉1, 1코 만들기, 겉1, 1코 만들기, 겉1 (5코)
4단 겉2, 1코 만들기, 겉1, 1코 만들기, 겉2 (7코)
5~7단 안뜨기 단으로 시작해서 메리야스뜨기 3단
8단 겉1, 겉뜨기로 2코 모아뜨기, 겉1, 겉뜨기로 2코 모아뜨기, 겉1 (5코)
실을 바늘이 있는 코에 통과시킨 다음 잡아당기고 코 사이에 실을 한 번 더 통과시켜서 풀리지 않게 한다.

• 눈장식(한쌍)

엄지손가락 방법으로 A실 6코를 잡고 가터뜨기로 시작한다.

1단(겉면) 겉뜨기
2단 겉1, 1코 만들기, 겉4, 겉1 (8코)
3~4단 가터뜨기
5단 겉2, (겉뜨기로 2코 모아뜨기) 2, 겉2 (6코)
6단 겉뜨기
7단 겉1, (겉뜨기로 2코 모아뜨기) 2, 겉1 (4코)
가터뜨기로 코막기

• 날개(한쌍)

엄지손가락 방법으로 A실 8코를 잡고 가터뜨기로 시작한다.

1단(겉면) 겉뜨기
2단 겉1, 1코 만들기, 겉 끝까지, 1코 만들기, 겉1 (10코)
3~8단 1~2단 계속 반복 (16코)
9~18단 가터뜨기

19단 겉1, 겉뜨기로 2코 모아뜨기, 3코 남기고 겉뜨기, 겉뜨기로 2코 모아뜨기, 겉1 (14코)
20~22단 가터뜨기
23~34단 19~22단 반복 (8코)
35단 19단처럼 (6코)
36단 겉뜨기
37단 겉1, (겉뜨기로 2코 모아뜨기) 2, 겉1 (4코)
38단 겉뜨기
실을 바늘이 있는 코에 통과시킨 다음 잡아당기고 코 사이에 실을 한 번 더 통과시켜서 풀리지 않게 한다.

• 발(4장)

엄지손가락 방법으로 C실 25코를 잡고 가터뜨기로 시작한다.

1단(겉면) 겉3, (겉뜨기로 3코 모아뜨기, 겉5) 2, 겉뜨기로 3코 모아뜨기, 겉3 (19코)
2, 4단 겉뜨기
3단 겉2, (겉뜨기로 3코 모아뜨기, 겉3) 2, 겉뜨기로 3코 모아뜨기, 겉2 (13코)
5단 겉1, (겉뜨기로 3코 모아뜨기, 겉1) 3 (7코)
6~10단 가터뜨기
11단 겉2, 겉뜨기로 3코 모아뜨기, 겉2 (5코)
12~16단 가터뜨기
17단 겉1, 겉뜨기로 3코 모아뜨기, 겉1 (3코)
18단 겉뜨기
실을 바늘이 있는 코에 통과시킨 다음 잡아당기고 코 사이에 실을 한 번 더 통과시켜서 풀리지 않게 한다.

• 다리(한 쌍)

엄지손가락 방법으로 A실 10코를 잡고 안면에서 시작한다.

1~7단 안뜨기 단으로 시작해서 메리야스뜨기 7단
코막기

• 다리 윗부분(한 쌍)

엄지손가락 방법으로 A실 16코를 잡고 안면에서 시작한다.

1~5단 안뜨기 단으로 시작해서 메리야스뜨기 5단
6~7단 안뜨기 2단 후 접는 선 표시
8단 (겉뜨기로 2코 모아뜨기) 끝까지 (8코)
실을 바늘이 있는 코에 통과시킨 다음 잡아당기고 코 사이에 실을 한 번 더 통과시켜서 풀리지 않게 한다.

마무리하기

• 몸통, 머리, 꼬리

몸통 뜨개물 2장의 마무리 코를 각각 꿰매주고 평평하게 펴놓는다. 오른쪽 면이 서로 맞닿게 핀으로 고정한 다음 머리 부분 시작코를 목 앞에 바느질한다. 바느질 할 때 안면 테두리 앞뒤로 바느질한다. 같은 방법으로 꼬리를 핀으로 고정한 다음 바느질한다. 머리 끝단을 바느질로 마무리하면서 꼬리 끝단도 감침질로 마무리한다. 머리와 꼬리의 속을 단단히 채우고 몸통 속도 평평하게 채운다. 아랫단에 있는 시작코 부분을 바느질해서 마무리한다.

• 볏

볏 뜨개물 2장을 테두리가 맞닿게 놓은 다음 테두리를 따라 바느질해서 이어준다. 족집게나 가위 끝부분을 사용해 속을 채운다. 정수리에 볏을 단다.

• 부리

부리 끝부터 주둥이까지 바느질하고 족집게나 가위 끝부분을 사용해 속을 채운다. 부리의 시작코 부분을 얼굴 중앙에 바느질해서 잇는다.

• 모이주머니

모이주머니 밑단의 반을 바느질한 다음 족집게나 가위로 방울솜을 밀어 넣어 채운다. 계속해서 남은 밑단을 바느질해서 마무리한 다음, 뜨개물 2장을 나란히 놓고 같이 꿰맨다. 부리 밑 중앙 부분에 단다.

• 눈장식

눈 장식의 테두리 부분을 머리에 박음질해서 단다.

• 날개

날개 테두리 부분을 몸통 양쪽에 박음질해서 단다.

• 발

모든 테두리가 맞닿게 뜨개물 2장씩 겹쳐놓은 다음 시작코 부분을 감침질한다. 방울솜을 족집게나 가위로 밀어 넣어 발가락 부분을 채워 준다. 밑단을 감침질하면서 발에 속을 채운다. 다른 발도 똑같이 만든다.

• 다리

윗부분과 아랫부분을 제외한 밑단을 바느질하고, 방울속을 단단히 채워 넣는다. 아랫부분에 발등을 바느질해서 연결한다.

• 다리 윗부분

다리 윗부분 밑단을 바느질하면서 속을 채운다. 다리 밑부분과 이어지게 바느질한 다음 몸통 아랫부분에 핀으로 고정한 다음 바느질해서 단다.

• 특징잡기

검은색 실로 눈 장식 위에 눈을 단다. 체인 스티치 한 땀으로 위치를 잡은 다음 그 위에 한 번 더 체인 스티치를 놓는다. (171쪽을 참고하여 수놓은 자국이 안 보이게 처리한다.)

옛날 시골 마을에 아기 돼지 삼형제가 살고 있었어요. 첫째 돼지는 짚단으로 집을 빨리 지었어요.
둘째 돼지는 나뭇가지로 집을 빨리 지었어요. 셋째 돼지는 벽돌로 하루 종일 집을 지었어요.
아기 돼지 삼형제가 집을 짓는 모습을 크고 무서운 늑대가 지켜보고 있었답니다.

THREE LITTLE PIGS

아기돼지삼형제

뜨개 준비

• 크기

돼지 22cm
집 7cm
나뭇가지 11cm
벽돌 5cm
늑대 16cm

• 준비물

병태사 대략적인 양
피기핑크(A) 125g
빨간색(B) 15g
초록색(C) 15g
파란색(D) 15g
레몬색(E) 5g
갈색(F) 5g
적갈색(E) 5g
베이지색(H) 10g
고동색(I) 15g
검은색, 회색, 베이지색 실 여분
3.25mm 대바늘 한 쌍, 같은 사이즈의 여분 바늘 1개
스티치 홀더
끝에 동그란 구멍이 달린 시침핀
족집게
아크릴 솜
빨대 5개

• 게이지

3.25mm 대바늘, DK실(병태사), 26코×34단, 10×10cm, 메리야스뜨기

• 작업지침

특별한 지시가 없으면 모든 밑단 솔기는 오른쪽 방향으로 메리야스 잇기를 한다. 시접용으로 한 단 남겨놓는다.

HOW TO MAKE
돼지(3마리)

• 몸통

엄지손가락 방법으로 A실 9코를 잡고 아래단부터 안면에서 시작한다.

1, 3, 5, 7, 9, 11단 안뜨기
2단 겉1, (1코 만들기, 겉1) 끝까지 (17코)
4단 겉1, (1코 만들기, 겉2) 끝까지 (25코)
6단 겉1, (1코 만들기 겉3) 끝까지 (33코)
8단 겉1, (1코 만들기, 겉4) 끝까지 (41코)
10단 겉1, (1코 만들기, 겉5) 끝까지 (49코)
12단 겉1, (1코 만들기, 겉6) 끝까지 (57코)
13~27단 안뜨기 단으로 시작해서 메리야스뜨기 15단

몸통 모양 잡기
28단 겉1, (겉뜨기로 2코 모아뜨기, 겉5) 끝까지 (49코)
29~33단 안뜨기 단으로 시작해서 메리야스뜨기 5단
34단 겉1, (겉뜨기로 2코 모아뜨기, 겉4) 끝까지 (41코)
35~37단 안뜨기 단으로 시작해서 메리야스뜨기 3단
38단 겉1, (겉뜨기로 2코 모아뜨기, 겉3) 끝까지 (33코)
안뜨기 방향으로 코막기

• 머리

엄지손가락 방법으로 A실 9코를 잡고 아래단 안면부터 시작한다.

1, 3, 5, 7, 9단 안뜨기
2단 겉1, (1코 만들기, 겉1) 끝까지 (17코)
4단 겉1, (1코 만들기, 겉2) 끝까지 (25코)
6단 겉1, (1코 만들기 겉3) 끝까지 (33코)
8단 겉1, (1코 만들기, 겉4) 끝까지 (41코)
10단 겉1, (1코 만들기, 겉5) 끝까지 (49코)
11~25단 안뜨기 단으로 시작해서 메리야스뜨기 15단

머리 모양 잡기
26단 겉1, (겉뜨기로 2코 모아뜨기, 겉4) 끝까지 (41코)
27단 안뜨기
28단 겉1, (겉뜨기로 2코 모아뜨기, 겉3) 끝까지 (33코)
29~33단 안뜨기 단으로 시작해서 메리야스뜨기 5단
34단 겉1, (겉뜨기로 2코 모아뜨기, 겉2) 끝까지 (25코)
35, 37단 안뜨기
36단 겉1, (겉뜨기로 2코 모아뜨기, 겉1) 끝까지 (17코)
38단 겉1, (겉뜨기로 2코 모아뜨기) 끝까지 (9코)
실을 바늘이 있는 코에 통과시킨 다음 잡아당기고 코 사이에 실을 1번 더 통과시켜서 풀리지 않게 한다.

• 다리(한 쌍)

엄지손가락 방법으로 A실 22코를 잡고 윗단부터 시작한다.

1단(안면) 안뜨기
2단 겉16, 뒤집기
3단 안뜨기 방향으로 1코 건너뛰기, 안9, 뒤집기
4단 겉뜨기 방향으로 1코 건너뛰기, 겉뜨기 끝까지
5~9단 안뜨기 단으로 시작해서 메리야스뜨기 5단
10단 겉1, 겉뜨기로 2코 모아뜨기, 3코 남기고 겉뜨기, 겉뜨기로 2코 모아뜨기, 겉1 (20코)
11~16단 5~10단 반복 (18코)
17~19단 안뜨기 단으로 시작해서 메리야스뜨기 3단
20단 (겉뜨기로 2코 모아뜨기, 겉5, 겉뜨기로 2코 모아뜨기) 2 (14코)
안뜨기 방향으로 코막기

• 팔(한 쌍)

엄지손가락 방법으로 A실 6코를 잡고 시작한다.

1단(안면) 안뜨기
2단 (겉1, 1코 만들기) 2, (1코 만들기, 겉1) 2 (10코)
3단 안뜨기
4단 겉1, 1코 만들기, 겉뜨기 끝까지, 1코 만들기, 겉1 (12코)
5~12단 3~4단 계속 반복 (20코)
마지막 단의 첫 번째 코와 마지막코에 마커 표시 한다.
13~21단 안뜨기 단으로 시작해서 메리야스뜨기 9단
22단 (겉뜨기로 2코 모아뜨기, 겉2) 끝까지 (15코)
23단 안뜨기
24단 (겉뜨기로 2코 모아뜨기, 겉1) 끝까지 (10코)
실을 바늘이 있는 코에 통과시킨 다음 잡아당기고 코 사이에 실을 1번 더 통과시켜서 풀리지 않게 한다.

• 돼지코

엄지손가락 방법으로 A실 19코를 잡고 얼굴에 닿는 테두리 부분부터 안면에서 시작한다.

1~5단 안뜨기 단으로 시작해서 메리야스뜨기 5단
6~7단 안뜨기 1단 후 겉뜨기 1단 (나중에 접을 단)
8단 겉뜨기
9단 안1, (안뜨기로 2코 모아뜨기, 안1) 끝까지 (13코)
10단 겉1, (겉뜨기로 2코 모아뜨기, 겉1) 끝까지 (9코)
실을 바늘이 있는 코에 통과시킨 다음 잡아당기고 코 사이에 실을 1번 더 통과시켜서 풀리지 않게 한다.

• 귀(한 쌍)

엄지손가락 방법으로 A실 14코를 잡고 아래단부터 밑부분부터 시작한다.

1단(안면) 안뜨기
2단 (겉2, 1코 만들기, 겉3, 1코 만들기, 겉2) 2 (18코)
3~9단 안뜨기 단으로 시작해서 메리야스뜨기 7단
10단 겉3, 겉뜨기로 2코 모아뜨기, 겉8, 겉뜨기로 2코 모아뜨기, 겉3 (16코)
11, 13, 15, 17단 안뜨기
12단 겉3, 겉뜨기로 2코 모아뜨기, 겉6, 겉뜨기로 2코 모아뜨기, 겉3 (14코)
14단 겉2, 겉뜨기로 3코 모아뜨기, 겉4, 겉뜨기로 3코 모아뜨기, 겉2 (10코)
16단 겉1, 겉뜨기로 3코 모아뜨기, 겉2, 겉뜨기로 3코 모아뜨기, 겉1 (6코)
18단 겉1, (겉뜨기로 2코 모아뜨기) 2, 겉1 (4코)
실을 바늘이 있는 코에 통과시킨 다음 잡아당기고 코 사이에 실을 1번 더 통과시켜서 풀리지 않게 한다.

• 멜빵바지, 어깨끈(B실, C실, D실)

첫 번째 다리 – 뒷면
엄지손가락 방법으로 B실이나 C실, D실 15코를 잡고 가터뜨기로 아래단부터 겉면에서 시작한다.

1~2단 가터뜨기
3~6단 겉뜨기 단으로 시작해서 메리야스뜨기 4단
실을 끊고 잠시 옆에 놔둔다.

두 번째 다리 – 뒷면
첫 번째 다리처럼 만들고 실을 끊지 않는다.

다리 합치기
7단 겉면이 앞으로 오게 두고 두 번째 다리를 겉뜨기한 다음 뒤집고, 니팅온 방법으로 5코를 잡은 다음 다시 뒤집어서 같은 실로 첫 번째 다리도 이어서 겉뜨기 한다. (35코)
8~28단 안뜨기 단으로 시작해서 메리야스뜨기 21단
29~31단 가터뜨기, 겉면 단에서 끝낸다.
가터뜨기로 코막기**

앞면
뒷면과 같은 방법으로 처음부터 **표시까지 만든다.
32단 겉뜨기 방향으로 9코를 막고, 겉16 (오른쪽 바늘에 17코가 남아있는 상태), 남은 9코를 막는다. (17코)
33단 실을 끊고 겉면에서 남은 코에 다시 실을 걸어서 겉뜨기 1단
34단 겉2, 2코 남기고 안뜨기, 겉2
35단 겉2, 겉뜨기로 2코 모아뜨기, 4코 남기고 겉뜨기, 겉뜨기로 2코 모아뜨기, 겉2 (15코)
36단 34단처럼
37단 겉뜨기
38단 34단처럼
39~42단 35~38단 반복 (13코)
43~45단 가터뜨기 3단, 겉면 단에서 끝내기
가터뜨기로 코막기

어깨끈(한 쌍)
엄지손가락 방법으로 멜빵바지와 같은 색상의 실로 30코를 잡는다.

1단(겉면) 겉뜨기
겉뜨기 방향으로 코막기

• 꼬리

엄지손가락 방법으로 A실 20코를 잡는다.

1단(겉면) 겉뜨기
겉뜨기 방향으로 코막기

마무리하기

• 몸통

아래단부터 목 방향으로 끝단을 바느질해서 마무리한다. 이때 목 부분은 바느질하지 말고 솜을 넣어 속을 채운다.

• 머리

머리 끝단을 바느질로 마무리하면서 속을 채운다. 핀을 꽂아 몸통에 고정한 다음, 머리에서 수평 방향으로, 몸통에서 수평 방향으로 바느질한다. 이렇게 번갈아가면서 머리 주변을 둥글게 바느질한다. 틈을 조금 남겨놓고 목에 속을 더 채운 다음 바느질해서 틈을 없앤다.

• 다리

다리의 마무리코를 반으로 접은 다음 바느질한다. 밑단을 바느질하고 속을 채운다. 몸통 밑에 다리 자리를 잡고 핀을 찔러 고정한 다음 바느질한다. 이때 다리 사이는 2cm가 되도록 한다.

• 팔

아래단부터 마커 표시한 부분까지 끝단을 바느질한 다음 속을 채운다. 몸통 양쪽에 팔을 단다.

• 돼지코

코의 끝단을 바느질하고 속을 채운다. 목과 코 사이를 2코 정도로 놔두고 얼굴 중앙에 핀을 찔러 코를 고정한 후 바느질한다.

• 특징 잡기

코 위 눈 사이에 5코 정도 간격으로 눈 위치를 잡는다. 검은색 실을 사용해 수직방향으로 체인 스티치를 한 땀 넣어 눈을 표현한다. 핀으로 표시한 부분에서 시작해서 한 단 아래에서 끝내고, 같은 위치에 체인 스티치를 한 땀 더 넣는다.
콧구멍은 회색실로 체인 스티치 한 땀을 넣어 표현한다. 사진을 참고해서 회색실로 스트레이트 스티치를 넣어 입을 표현한다. (171쪽을 참고하여 수놓은 자국이 안 보이게 처리한다.)

• 귀

끝단을 바느질한 다음 아래 테두리의 중앙 부분 솔기와 시작코 부분을 감침질한다. 귀의 시작코 부분을 머리 뒤쪽에 꿰매고 앞으로 접어서 귀의 끝부분을 바느질해서 앞에 고정시킨다.

• 멜빵바지, 어깨끈

멜빵바지의 앞부분과 뒷부분을 겹쳐놓고 다리 안쪽 끝단과 하복부 부분을 바느질한다. 바깥 테두리를 바느질하고 돼지한테 입힌다. 어깨끈 한쪽 끝을 가슴 위에 바느질하고 등에서 X자로 교차시킨 다음 허리 부분에서 바느질한다.

• 꼬리

느슨한 매듭을 하나 지어 돼지 꼬리 모양을 만들고 바느질로 풀리지 않게 만든다. 멜빵바지 뒷부분에 꼬리를 달아준다.

HOW TO MAKE
짚단, 나뭇가지, 벽돌

• 짚단, 끈

엄지손가락 방법으로 E실 15코를 잡고 겉면에서 시작한다. 안뜨기 방향으로 코막기

• 나뭇가지(5개)

엄지손가락 방법으로 F실 6코를 잡고 역메리야스뜨기로 겉면에서 시작한다. 안뜨기 단으로 시작해서 역메리야스뜨기 10cm
역메리야스뜨기로 코막기

벽돌 – 윗면, 아랫면, 앞면, 뒷면
엄지손가락 방법으로 G실 14코를 잡고 안면에서 시작한다.

1~3단 안뜨기 단으로 시작해서 메리야스뜨기 3단

4~5단 H실을 이어서 가터뜨기 2단
6~9단 실을 느슨하게 위쪽으로 옮겨가면서 작업, G실을 사용해서 겉뜨기 단으로 시작해 가터뜨기 4단
10~15단 4~9단 반복
G실로 코막기

옆면(2장)
엄지손가락 방법으로 G실 10코를 잡고, 윗면, 아랫면, 앞면, 뒷면의 1~15단을 반복해서 만든다.

마무리하기

• 짚단, 끈

레몬색 실을 6cm로 잘라 지름이 약 4cm가 되도록 한 묶음을 만든다. 묶음 가운데에 미리 떠놓은 끈을 묶고 끝단을 감침질한다. 묶음의 앞뒤로 실을 통과하면서 올이 빠지지 않게 바느질한다.

• 나뭇가지

빨대를 8cm 길이로 5개 자른다. 빨대 주변에 미리 떠놓은 나뭇가지를 감고 끝단을 감침질한다. 시작코와 마무리코를 동그랗게 모은 다음 실을 잡아당기고 묶는다. 사진을 참고해서 나뭇가지 5개가 한 묶음이 되도록 바느질한다.

HOW TO MAKE
늑대

• 몸통

엄지손가락 방법으로 I실 9코를 잡아 밑부분부터 안면에서 시작한다.

1, 3, 5, 7단 안뜨기
2단 겉1, (1코 만들기, 겉1) 끝까지 (17코)
4단 겉1, (1코 만들기, 겉2) 끝까지 (25코)
6단 겉1, (1코 만들기, 겉3) 끝까지 (33코)
8단 겉1, (1코 만들기, 겉4) 끝까지 (41코)
9단 안32, 남은 코를 스티치 홀더에 걸어 놓고, 뒤집어서 안뜨기한 32코로 진행, 모양 잡기
10단 겉뜨기로 2코 모아뜨기, 2코 남기고 겉뜨기, 겉뜨기로 2코 모아뜨기 (30코)
11단 안뜨기
12단 10단처럼 (28코)
13~37단 안뜨기 단으로 시작해서 메리야스뜨기 25단
38단 겉1, 1코 만들기, 겉뜨기 끝까지, 1코 만들기, 겉1 (30코)
39단 안1, 1코 만들기, 안뜨기 끝까지, 1코 만들기, 안1 (32코)
40~43단 38~39단 2번 반복(40코)
44단 겉1, (겉뜨기로 2코 모아뜨기, 겉1) 끝까지 (27코)
안뜨기 방향으로 코막기

배
45단 안면에서 남은 코에 H실을 걸어서 끝까지 안뜨기 (9코)
46단 겉1, 1코 만들기, 끝까지 겉뜨기, 1코 만들기, 겉1 (11코)
47단 안뜨기
48단 46단처럼 (13코)
49~73단 안뜨기 단으로 시작해서 메리야스뜨기 25단
74단 겉뜨기로 2코 모아뜨기, 2코 남기고 겉뜨기, 겉뜨기로 2코 모아뜨기 (11코)
75단 안뜨기로 2코 모아뜨기, 2코 남기고 안뜨기, 안뜨기로 2코 모아뜨기 (9코)
76~77단 74~75단 반복 (5코)
78단 겉뜨기로 2코 모아뜨기, 겉1, 겉뜨기로 2코 모아뜨기 (3코)
안뜨기 방향으로 코막기

• 머리

엄지손가락 방법으로 I실 9코를 잡고 등부터 안면에서 시작한다.

1, 3, 5, 7단 안뜨기
2단 겉1, (1코 만들기, 겉1) 끝까지 (17코)
4단 겉1, (1코 만들기, 겉2) 끝까지
6단 겉1, (1코 만들기, 겉3) 끝까지 (33코)
8단 겉1, (1코 만들기, 겉4) 끝까지 (41코)
9~19단 안뜨기 단으로 시작해서 메리야스뜨기 11단
20단 겉7, (겉뜨기로 2코 모아뜨기, 겉3) 4코 남을 때까지, 겉4 (35코)
21, 23단 안뜨기
22단 겉6, (겉뜨기로 2코 모아뜨기, 겉1) 8, 겉5 (27코)
24단 겉2, (겉뜨기로 2코 모아뜨기, 겉1) 끝까지, 겉1 (19코)
25~35단 안뜨기 단으로 시작해서 메리야스뜨기 11단
36단 겉1, (겉뜨기로 2코 모아뜨기, 겉1) 끝까지 (13코)
37단 안1, (안뜨기로 2코 모아뜨기, 안1) 끝까지 (9코)
실을 바늘이 있는 코에 통과시킨 다음 잡아당기고 코 사이에 실을 1번 더 통과시켜서 풀리지 않게 한다.

• 뒷다리(한 쌍)

엄지손가락 방법으로 I실 32코를 잡는다.

1단(안면) 안뜨기
2단 겉1, 1코 만들기, 겉뜨기 끝까지, 1코 만들기, 겉1 (15코)
3~6단 1~2단 2번 반복 (19코)
7~11단 안뜨기 단으로 시작해서 메리야스뜨기 5단

발바닥 모양 잡기
12단 겉1, (겉뜨기로 2코 모아뜨기, 겉1) 끝까지 (13코)
13단 안1, (안뜨기로 2코 모아뜨기, 안1) 끝까지 (9코)
실을 바늘이 있는 코에 통과시킨 다음 잡아당기고 코 사이에 실을 1번 더 통과시켜서 풀리지 않게 한다.

• 앞다리(한 쌍)

엄지손가락 방법으로 I실 11코를 잡고 다리 윗부분부터 시작한다.

1단(안면) 안뜨기
2단 겉1, 1코 만들기, 끝까지 겉뜨기, 1코 만들기, 겉1 (13코)
3~7단 안뜨기 단으로 시작해서 메리야스뜨기 5단
8~19단 2~7단 2번 반복 (17코)

발바닥 모양 잡기
20단 겉뜨기로 2코 모아뜨기, (겉1, 겉뜨기로 2코 모아뜨기) 끝까지 (11코)
실을 바늘이 있는 코에 통과시킨 다음 잡아당기고 코 사이에 실을 1번 더 통과시켜서 풀리지 않게 한다.

귀(한 쌍)
엄지손가락 방법으로 I실 12코를 잡고 안면에서 시작한다.

1~3단 안뜨기 단으로 시작해서 메리야스뜨기 3단
4단 겉뜨기로 2코 모아뜨기, 겉2, 겉뜨기로 2코 모아뜨기) 2 (8코)
5단 (안뜨기로 2코 모아뜨기) 끝까지 (4코)
실을 바늘이 있는 코에 통과시킨 다음 잡아당기고 코 사이에 실을 1번 더 통과시켜서 풀리지 않게 한다.

• 꼬리

엄지손가락 방법으로 I실 10코를 잡고 밑부분부터 안면에서 시작한다.

1~5단 안뜨기 단으로 시작해서 메리야스뜨기 5단
6단 겉1, 1코 만들기, 겉뜨기 끝까지, 1코 만들기, 겉1 (12코)
7~18단 1~6단 2번 반복 (16코)
19단 안뜨기
20단 겉1, 1코 만들기, 겉뜨기 끝까지, 1코 만들기, 겉1 (18코)
21~22단 19~20단 반복 (20코)
23단 안뜨기
24~27단 H실로 바꿔서 가터뜨기 4단
28단 *겉3, (겉뜨기로 2코 모아뜨기) 2, 겉3; * 부분 1번 반복 (16코)
29, 31단 안뜨기
30단 *겉2, (겉뜨기로 2코 모아뜨기) 2, 겉2; * 부분 1번 반복 (12코)
32단 *겉1, (겉뜨기로 2코 모아뜨기) 2, 겉1; * 부분 1번 반복 (8코)
실을 바늘이 있는 코에 통과시킨 다음 잡아당기고 코 사이에 실을 1번 더 통과시켜서 풀리지 않게 한다.

마무리하기

• 몸통

시작코 부분을 둥글게 모은 다음 잡아당겨서 고정시킨다. 아랫부분과 배, 몸통의 밑단을 바느질한다. 목은 벌려진 채로 놔두고 몸통에 속을 채운다.

• 머리

시작코 부분을 둥글게 모은 다음 잡아당겨서 고정시킨다. 주둥이 끝단을 바느질하고 속을 채운다. 머리 끝단을 바느질하면서 속을 채운다. 머리를 몸통에 핀으로 고정한 다음 머리에서 수평 방향으로, 몸통에서 수평 방향으로 바느질한다. 이렇게 번갈아가면서 머리 주변을 둥글게 바느질한다.

• 뒷다리

뒷다리의 끝단을 마무리하고 족집게나 가위 끝으로 속을 밀어 넣어 채운다. 아래 테두리 중간 솔기에서 시작코 부분을 바느질한다. 몸통을 평평한 곳에 놓고 뒷다리를 몸통 앞에 배치한 다음 꿰맨다.

• 앞다리

발바닥 속을 채우고 끝단을 바느질한다. 방울솜을 안에 채워 넣으면서 끝단 바느질을 마무리한다. 아래 테두리 중간 솔기에서 시작코 부분을 바느질하고 몸통 앞에 단다.

• 귀

귀의 끝단을 바느질한 다음 머리 위에 단다.

• 특징잡기

눈 위치를 표시하는데 눈 사이에 4코가 들어가는 정도로 위치를 잡는다. 검은색 실로 수직방향으로 체인 스티치를 한 땀 넣어 눈을 표현한다. 핀으로 표시한 부분에서 시작해서 한 단 아래에서 끝내고, 같은 위치에 체인 스티치를 한 땀 더 넣는다. 사진을 참고해서 코에 까만 스트레이트 스티치를 한 땀 넣고, 입 모양으로 스템 스티치를 넣는다. (171쪽을 참고하여 수놓은 자국이 안 보이게 처리한다.)

• 꼬리

꼬리의 끝단을 바느질하고 속을 채운다. 속을 다 넣고 끝단 바느질을 마무리한다. 시작코 부분을 바느질한 다음 늑대 등 아래에 꼬리를 단다.

옛날 옛날에 황금 공을 가진 공주님이 있었어요. 공을 던지며 놀던 어느 날,
공주님은 실수로 공을 연못에 빠뜨리고 말았어요. 공주님이 울고 있을 때, 개구리 한 마리가
연못에서 뛰어 나오더니, 공주님에게 공을 가져다주는 대신 답례로 키스를 해달라고 말했답니다.

THE FROG PRINCE

개구리왕자

뜨개 준비

크기

공주 16.5cm
황금 공 2cm
개구리 15cm
왕자 22cm

준비물

DK실 대략적인 양
하얀색(A) 5g
연분홍색(B) 15g
겨자색(C) 10g
금색(D) 5g
밝은 녹색(E) 20g
검은색(F) 5g
회색(G) 5g
라임그린(H) 20g
암록색(I) 20g
갈색(J) 10g
레몬색(K) 5g
검정, 빨강, 연분홍, 암록색 실 여분
골든 크림색 실 5g
3.25mm 대바늘 한 쌍, 같은 사이즈 여분 바늘 1개
끝에 동그란 구멍이 달린 시침핀
족집게
아크릴 솜
빨간 색연필
반짝이 모루 4개

게이지

3.25mm 대바늘, DK실(병태사), 26코×34단, 10×10cm, 메리야스뜨기

작업지침

특별한 지시가 없으면 모든 밑단 솔기는 오른쪽 방향으로 메리야스 잇기를 한다. 시접용으로 한 단 남겨놓는다.

• 신발, 다리, 몸통, 머리

오른쪽 다리
엄지손가락 방법으로 A실 10코를 잡고 신발 바닥부터 시작한다. 시작코의 4번째, 5번째 코 사이에 마커 표시를 한다.

1단(안면) 안뜨기
2단 겉1, (1코 만들기, 겉1) 끝까지 (19코)
3~5단 안뜨기 단으로 시작해서 메리야스뜨기 3단
B실로 바꿔서 다리를 뜨고, 신발 모양을 잡는다.
6단 겉1, (겉뜨기로 2코 모아뜨기) 7, 겉4 (12코)
7~27단 안뜨기 단으로 시작해서 메리야스뜨기 21단
실을 끊고 잠시 옆에 치워 둔다.

왼쪽 다리
엄지손가락 방법으로 A실 10코를 잡고 신발 바닥부터 시작한다. 시작코의 6번째, 7번째 코 사이에 마커 표시를 한다.

1단(안면) 안뜨기
2단 겉1, (1코 만들기, 겉1) 끝까지 (19코)
3~5단 안뜨기 단으로 시작해서 메리야스뜨기 3단
B실로 바꿔서 다리를 뜨고, 신발 모양을 잡는다.
6단 겉4, (겉뜨기로 2코 모아뜨기) 7, 겉1 (12코)
7~27단 안뜨기 단으로 시작해서 메리야스뜨기 21단

다리 합치기
28단 A실로 바꿔서 몸통 밑부분을 뜨는데, 왼쪽 다리부터 겉뜨기로 시작해서 같은 실로 이어서 오른쪽 다리도 겉뜨기 (24코)
29~35단 안뜨기 단으로 시작해서 메리야스뜨기 7단
36~45단 C실로 바꿔서 상체를 뜬다. 메리야스뜨기 10단
46~49단 B실로 바꿔서 목과 머리를 뜬다. 메리야스뜨기 4단
목 부분이 될 마지막 단에 마커로 표시한다.
50~51단 메리야스뜨기
52단 겉3, (1코 만들기, 겉6) 3, 1코 만들기, 겉3 (28코)
53~59단 안뜨기 단으로 시작해서 메리야스뜨기 7단

정수리 모양 잡기
60단 (겉뜨기로 2코 모아뜨기, 겉2) 끝까지 (21코)
61, 63단 안뜨기
62단 (겉뜨기로 2코 모아뜨기, 겉1) 끝까지 (14코)
64단 (겉뜨기로 2코 모아뜨기) 끝까지 (7코)
실을 바늘이 있는 코에 통과시킨 다음 느슨하게 놔둔다.

• 드레스 치마

엄지손가락 방법으로 D실 50코를 잡고 밑단부터 안면에서 시작한다.

1~2단 안뜨기 1단 후 겉뜨기 1단 (나중에 아랫부분으로 돌릴 부분)
피코 단 겉2, (실을 앞으로 가져오고, 겉뜨기로 2코 모아뜨기) 끝까지
4~5단 겉뜨기 1단 후 안뜨기 1단
6~7단 A실로 바꿔서 가터뜨기 2단
8~21단 C실로 바꿔서 겉뜨기 단으로 시작해서 메리야스뜨기 14단
22단 (겉뜨기로 2코 모아뜨기, 겉3) 끝까지 (40코)
23~25단 안뜨기 단으로 시작해서 메리야스뜨기 3단
26단 (겉뜨기로 2코 모아뜨기, 겉2) 끝까지 (30코)
안뜨기 방향으로 코막기

• 허리띠

엄지손가락 방법으로 D실 30코를 잡고 겉면에서 시작한다.
안뜨기 방향으로 코막기

• 소매, 손(한 쌍)

41쪽 책의 소매와 손처럼 만들되 C실로 소매, B실로 손을 만든다.

• 깃

엄지손가락 방법으로 C실 36코를 잡고 겉면에서 시작한다.
안뜨기 방향으로 코막기

• 왕관

엄지손가락 방법으로 K실 24코를 잡고, 안면에

서 시작한다.

피코 단 겉2, (실을 앞으로 옮기고, 겉뜨기로 2코 모아뜨기) 끝까지
2단 겉뜨기
안뜨기 방향으로 코막기

• 황금 공

엄지손가락 방법으로 D실 6코를 잡고 안면에서 시작한다.

1, 3단 안뜨기
2단 겉1, (1코 만들기, 겉1) 끝까지 (11코)
4단 겉1, (1코 만들기, 겉2) 끝까지 (16코)
5~9단 안뜨기 단으로 시작해서 메리야스뜨기 5단
10단 겉1, (겉뜨기로 2코 모아뜨기, 겉1) 끝까지 (11코)
11단 안뜨기
12단 겉1, (겉뜨기로 2코 모아뜨기) 끝까지 (6코)
실을 바늘이 있는 코에 통과시킨 다음 잡아당기고 코 사이에 실을 1번 더 통과시켜서 풀리지 않게 한다.

마무리하기

• 신발, 다리, 몸통, 머리

신발과 발목 끝단을 바느질하고, 마커 표시한 부분이 발가락 끝으로 오게 한 후 시작코 부분을 감침질한다. 뒷굽 안쪽 6mm 부분에 다리 솔기가 온다. 신발 코에 족집게나 가위 끝을 사용해 솜을 안쪽까지 밀어 넣어 채운다. 다리 끝단을 바느질하고 하복부는 둥글게 바느질한다. 다리 안쪽에 족집게나 가위 끝을 사용해 솜을 안쪽까지 밀어 넣어 채운다.
몸통과 머리 절반 끝단을 바느질한다. 몸통과 머리에 속을 채우고, 실을 꽉 잡아당겨 묶는다. 밑단 바느질 작업을 마무리한다. 몸통과 같은 색의 실을 2가닥 잡고 상체 마지막 단을 따라 둥그렇게 러닝 스티치를 넣는데, 반 코마다 안팎으로 바느질한다. 꽉 잡아당겨 목 모양을 잡고 매듭이 목 안쪽에 생기게 마무리 짓는다.

• 드레스 치마, 허리끈

윗부분이 아랫부분으로 가게 직물을 돌린다. 드레스의 끝단을 바느질한 다음 인형에 입힌다. 치마의 마지막코가 상체의 시작코와 만나도록 둥글게 바느질한다. 허리끈을 허리에 감고 끝단을 바느질한다. 허리띠를 몸통을 따라 둥글게 박음질해서 단다.

• 소매, 손

손의 끝단을 바느질하고 족집게나 가위 끝으로 방울솜을 안으로 밀어 넣어 속을 채운다. 손목부터 겨드랑이 밑부분 마커 표시가 되어 있는 데까지 소매를 바느질한다. 팔의 가장 윗부분이 목에서 2단 아래 위치한 곳에 오도록 몸통 양쪽에 팔을 하나씩 단다.

• 깃

목 주변에 깃을 두르고 끝단을 감침질한다. 핀으로 깃을 고정한 다음 드레스 윗부분 주위에 바느질하고 어깨 위는 박음질한다.

• 특징 잡기, 머리카락

43쪽 잭처럼 특징을 잡는다. 머리카락을 만드려면, 우선 골든크림색 실 약 25cm를 45가닥 정도로 자른다. 실을 하나 잡아서 눈에서 3단 위쪽 이마 중앙 부분에 고정한다. 이마부터 바느질해서 정수리를 지나 목보다 13mm 위까지 박음질하고 한 땀에 실이 3가닥 정도 들어가게 한다. 머리카락이 자연스럽게 떨어지도록 하고 뒤통수에 머리카락과 머리를 박음질해서 연결한다. 머리카락 끝이 허리에 오도록 다듬는다.

• 왕관

바깥면이 밖으로 오도록 둔 다음 시작코와 마지막코를 한데 모아서 감침질한다. 끝단을 감침질하고 머리에 핀을 꽂아 고정한 다음 바느질해서 왕관을 머리 위에 단다.

HOW TO MAKE
개구리

• 몸통, 머리

엄지손가락 방법으로 E실 22코를 잡고 등부터 안면에서 시작한다. 시작코 중앙에 마커 표시를 한다.

1, 3, 5, 7, 9, 11단 안뜨기
2단 (겉5, 1코 만들기, 겉1, 1코 만들기, 겉5) 2 (26코)
4단 (겉6, 1코 만들기, 겉1, 1코 만들기, 겉6) 2 (30코)
6단 (겉7, 1코 만들기, 겉1, 1코 만들기, 겉7) 2 (34코)
8단 (겉8, 1코 만들기, 겉1, 1코 만들기, 겉8) 2 (38코)
10단 (겉9, 1코 만들기, 겉1, 1코 만들기, 겉9) 2 (42코)
12단 (겉10, 1코 만들기, 겉1, 1코 만들기, 겉10) 2 (46코)
13~33단 안뜨기 단으로 시작해서 메리야스뜨기 21단
34단 겉뜨기로 2코 모아뜨기, 2코 남기고 겉뜨기, 겉뜨기로 2코 모아뜨기 (44코)
35단 안뜨기
36단 겉뜨기로 2코 모아뜨기, 겉16, (겉뜨기로 2코 모아뜨기) 4, 겉16, 겉뜨기로 2코 모아뜨기 (38코)
37단 안28, 뒤집기
38단 겉뜨기 방향으로 1코 건너뛰기, 겉17, 뒤집기
39단 안뜨기 방향으로 1코 건너뛰기, 끝까지
40단 (겉1, 1코 만들기) 5, 겉4, 겉뜨기로 2코 모아뜨기, 겉16, 겉뜨기로 2코 모아뜨기, 겉4, (1코 만들기, 겉1) 5 (46코)
41단 안32, 뒤집기
42단 겉뜨기 방향으로 1코 건너뛰기, 겉17, 뒤집기
43단 안뜨기 방향으로 1코 건너뛰기, 안뜨기 끝까지
44단 겉13, 겉뜨기로 2코 모아뜨기, 겉16, 겉뜨기로 2코 모아뜨기, 겉13 (44코)
45단 (안2, 1코 만들기) 2, 안36, (1코 만들기, 안2) 2 (48코)
46단 겉13, (겉뜨기로 2코 모아뜨기) 2, 겉14, (겉뜨기로 2코 모아뜨기)2, 겉13 (44코)
47단 안13, 안뜨기로 2코 모아뜨기, 안14, 안뜨기로 2코 모아뜨기, 안13 (42코)
48단 겉11, (겉뜨기로 2코 모아뜨기) 2, 겉12, (겉뜨기로 2코 모아뜨기)2, 겉11 (38코)
49단 안11, 안뜨기로 2코 모아뜨기, 안12, 안뜨기로 2코 모아뜨기, 안11 (36코)
50단 겉9, (겉뜨기로 2코 모아뜨기) 2, 겉10, (겉뜨기로 2코 모아뜨기) 2, 겉9 (32코)
51단 안9, 안뜨기로 2코 모아뜨기, 안10, 안뜨기로 2코 모아뜨기, 안9 (30코)
52단 겉7, (겉뜨기로 2코 모아뜨기) 2, 겉8, (겉뜨기로 2코 모아뜨기) 2, 겉7 (26코)
53단 안7, 안뜨기로 2코 모아뜨기, 안8, 안뜨기로 2코 모아뜨기, 안7 (24코)
54단 겉5, (겉뜨기로 2코 모아뜨기) 2, 겉6, (겉뜨기로 2코 모아뜨기) 2, 겉5 (20코)
55단 안5, 안뜨기로 2코 모아뜨기, 안6, 안뜨기로 2코 모아뜨기, 안5 (18코)
56단 겉1, (겉뜨기로 2코 모아뜨기) 3, 겉4, (겉뜨기로 2코 모아뜨기) 3, 겉1 (12코)
안뜨기 방향으로 코막기

• 앞다리(한 쌍)

엄지손가락 방법으로 E실 12코를 잡고 윗부분부터 시작한다.

1단(안면) 안9, 뒤집기
2단 겉뜨기 방향으로 1코 건너뛰기, 겉5, 뒤집기
3단 안뜨기 방향으로 1코 건너뛰기, 안뜨기 끝까지
4~11단 메리야스뜨기 8단
12단 겉3, (겉뜨기로 2코 모아뜨기, 겉2) 2, 겉1 (10코)
13~15단 안뜨기 단으로 시작해서 메리야스뜨기 3단
코막기

• 앞다리 발가락(6개)

엄지손가락 방법으로 실 10코를 잡고 발끝부터 안면에서 시작한다.

1~2단 안뜨기 1단, 겉뜨기 1단
3단 (안뜨기로 2코 모아뜨기) 끝까지 (5코)
4~7단 메리야스뜨기
코막기

• 뒷다리(한 쌍)

엄지손가락 방법으로 E실 6코를 잡아서 엉덩이 부분부터 시작한다.

1단(안면) 안뜨기
2단 겉1, (1코 만들기, 겉1) 끝까지 (11코)
3~17단 안뜨기 단으로 시작해서 메리야스뜨기 15단
마지막 단에 마커 표시하고 마커 표시가 겉면에 있게 한다.
18~37단 메리야스뜨기 20단
마지막 단에 마커 표시하고 마커 표시가 겉면에 있게 한다.
38~55단 메리야스뜨기 18단
코막기

• 뒷다리 발가락(6개)

엄지손가락 방법으로 실 10코를 잡고 발끝부터 안면에서 시작한다.

1~2단 안뜨기 1단, 겉뜨기 1단
3단 (안뜨기로 2코 모아뜨기) 끝까지 (5코)
4~9단 메리야스뜨기
코막기

• 눈(한 쌍)

엄지손가락 방법으로 F실 7코를 잡고 눈동자 중앙부터 시작한다.

1단(겉면) A실로 바꿔서 겉뜨기 1단
2단 안1, (1코 만들기, 안1) 끝까지 (13코)
3단 E실로 바꿔서 겉뜨기 1단
4단 겉2, (1코 만들기, 겉3) 3, 1코 만들기, 겉2 (17코)
5~7단 겉뜨기 단으로 시작해서 메리야스뜨기 3단, 겉면 단에서 끝낸다.
8단 안뜨기로 2코 모아뜨기, (안1, 안뜨기로 2코 모아뜨기) 끝까지 (11코)
9단 겉뜨기로 2코 모아뜨기, (겉1, 겉뜨기로 2코 모아뜨기) 끝까지 (7코)
실을 바늘이 있는 코에 통과시킨 다음 잡아당기고 코 사이에 실을 1번 더 통과시켜서 풀리지 않게 한다.

• 왕관

엄지손가락 방법을 D실 19코를 잡고 밑단부터 안면에서 시작한다.

1~10단 안뜨기 단으로 시작해서 메리야스뜨기 10단, 겉면 단에서 끝낸다.
피코 단 겉1, (실을 앞으로 가져오고, 겉뜨기로 2코 모아뜨기) 끝까지
12~21단 겉뜨기 단으로 시작해서 메리야스뜨기 10단
안뜨기 방향으로 코막기

마무리하기

• 몸통, 머리

마무리코를 동그랗게 모은 다음 실을 잡아당겨서 묶는다. 몸통과 머리의 끝단을 바느질하고 속을 채워 넣는다. 마커 표시 부분과 끝단 솔기를 같이 모은 다음 시작코를 바느질한다.

• 앞다리, 발가락

발가락의 시작코를 동그랗게 모은 다음 실을 잡아당겨서 묶는다. 반짝이 모루를 5cm 크기로 6등분하고, 발가락 안쪽까지 닿게 안면에 하나씩 집어넣는다. 바깥면에서 앞다리의 마무리코가 있는 밑단을 바느질한다. 오른쪽 다리와 왼쪽 다리에 발가락을 각각 3개씩 놓고 앞다리의 마무리코 부분과 발가락을 매트리스 스티치로 둥글게 바느질한다. 앞다리의 밑단을 바느질하고 속을 채운다. 완성된 앞다리를 몸통에 달아준다.

• 뒷다리, 발가락

발가락은 앞다리의 발가락과 똑같이 마무리한다. 뒷다리의 발목부터 가장 가까운 마커 표시까지 있는 끝단을 바느질하고 이 부분에 속을 채운다. 필요하면 족집게나 가위 끝으로 솜을 밀어 넣고 마커 표시된 단을 바느질한다. 마무리된 단부터 다음 마커 표시까지 바느질한 다음 이 부분에 속을 채우고 마커 표시된 단을 바느질한다. 남아있는 마지막 밑단을 바느질하고 속을 채운다. 시작코를 동그랗게 모으고 실을 잡아당겨 풀리지 않게 묶는다. 완성된 뒷다리를 몸통에 달아준다.

• 눈, 코, 입

눈의 밑단을 바느질하면서 작은 틈을 남기고 그 사이로 속을 넣은 다음 틈을 바느질해서 막는다. 눈을 머리 밑단이 있는 부분 근처에 단다. 사진을 참고해서 암록색 실로 스템 스티치로 입 모양을 넣어준다. 콧구멍은 체인 스티치를 수직으로 한 땀 넣고 다시 그 위에 두 번째 땀을 넣어서 만든다.

• 왕관

왕관의 끝단을 바느질하고 피코 단을 따라 접는다. 아래단을 감침질하고 개구리에 단다.

HOW TO MAKE 왕자

• 신발, 다리, 몸통, 머리

72쪽 누더기를 입은 신데렐라처럼 만들되 신발은 F실, 다리는 A실, 하체는 G실, 상체는 H실, 머리는 B실로 만든다.

• 반바지, 튜닉

75쪽 신데렐라 왕자님처럼 만들되 반바지는 H실, 튜닉은 I실로 시작해서, H실로 바꾼다.

• 소매, 손, 머리카락

45쪽 잭의 엄마처럼 만들되 소매는 H실, 손은 B실, 머리카락은 J실로 만든다.

• 소매단, 망토 깃, 망토, 브로치, 왕관

78~79쪽 신데렐라 왕자님처럼 만들되 소매단, 망토 깃, 망토는 I실, 브로치는 D실, 왕관은 F실로 만든다.

마무리하기

• 신발, 다리, 몸통, 머리

73쪽 누더기를 입은 신데렐라처럼 마무리한다.

• 반바지, 튜닉

78쪽 신데렐라 왕자님처럼 마무리한다.

• 소매, 손, 특징 잡기, 머리카락

45~6쪽 잭의 엄마처럼 마무리한다.

• 소매단, 망토 깃, 망토, 브로치, 왕관

79쪽 신데렐라 왕자님처럼 마무리한다.

옛날 옛날 공주님만을 신붓감으로 찾는 왕자님이 있었어요. 폭풍우가 휘몰아치던 어느 밤,
누군가가 문을 두드렸어요. 열린 문 앞에는 비에 흠뻑 젖어 초라한 모습의 공주님이 한 명 서있었어요.
공주님은 자신이 진짜 공주라고 말했어요. 하지만 어떻게 그 말이 사실인지 알 수 있을까요?

THE PRINCESS & THE PEA

공주와 완두콩

뜨개 준비

• 크기

공주 16.5cm
침대 25cm
왕자 22cm

• 게이지

3.25mm 대바늘, DK실(병태사), 26코× 34단, 10×10cm, 메리야스뜨기

• 준비물

DK실 대략적인 양
로즈핑크(A) 10g
연분홍색(B) 15g
흰색(C) 10g
밝은 분홍색(D) 10g
갈색(E) 10g
연갈색(F) 80g
밝은 초록색(G) 5g
파란색(H) 25g
주황색(I) 25g
미디엄 그린(J) 40g
노란색(K) 25g
검은색(L) 10g
회색(M) 5g
암록색(N) 20g
보라색(O) 20g
겨자색(P) 5g
레몬색(Q) 5g
검정, 빨강, 연분홍색 실 여분
3.25mm 대바늘 한 쌍, 같은 사이즈의 여분 바늘 1개
끝에 동그란 구멍이 달린 시침핀
족집게
아크릴 솜
빨간 색연필

• 작업지침

특별한 지시가 없으면 모든 밑단 솔기는 오른쪽 방향으로 메리야스 잇기를 한다. 시접용으로 한 단 남겨놓는다.

HOW TO MAKE
공주님

• 신발, 다리, 몸통, 머리

106쪽 개구리 왕자의 공주처럼 만들되 신발은 A실, 다리는 B실, 몸통 아랫부분은 C실, 드레스 상체부분은 D실, 목과 머리는 B실로 만든다.

• 드레스 치마

106쪽 개구리 왕자의 공주처럼 만들되 C실로 시작했다가 A실로 바꾸고 D실로 계속 이어가면서 만든다.

• 소매, 손(한 쌍)

41쪽 잭처럼 만들되 소매는 D실, 손은 B실로 만든다.

• 깃

106쪽 개구리 왕자의 공주처럼 만들되 D실로 만든다.

• 머리카락

40쪽 잭처럼 만들되 E실을 이용해서 만든다.

마무리하기

• 신발, 다리, 몸통, 머리, 치마, 소매, 손, 깃

106쪽 개구리 왕자의 공주처럼 마무리한다.

• 특징 잡기

43쪽 잭처럼 특징을 잡는다.

• 머리카락과 땋은 머리

43쪽 잭의 머리카락처럼 마무리한다. 머리카락과 같은 색 실 40cm를 6등분하여 두 묶음을 만든다. 묶음의 가운데 부분에 매듭을 짓고 매듭을 기준으로 반으로 접는다. 세 갈래로 나눠서 4cm 정도 땋는다. 매듭을 짓고 끝부분이 8mm가 되도록 다듬는다. 머리 양쪽에 땋은 머리를 단다.

HOW TO MAKE
침대

• 침대 베이스

엄지손가락 방법으로 F실 26코를 잡고 겉면에서 시작한다.

1~60단 겉뜨기 단으로 시작해서 메리야스뜨기 60단
61~62단 가터뜨기
63~72단 겉뜨기 단으로 시작해서 메리야스뜨기 10단
73단~74단 가터뜨기 2단
75~76단 메리야스뜨기, 각 단의 시작 부분에 10코 새로 잡기 (46코)
77~134단 메리야스뜨기
135단 단의 시작부분 10코 코막기 (36코)
136단 단의 시작부분 10코 막기 (26코)
137~148단 겉뜨기 단으로 시작해서 메리야스뜨기 12단
겉뜨기 방향으로 코막기

• 콩

엄지손가락 방법으로 G실 12코를 잡고 겉면에서 시작한다.

1~3단 안뜨기 단으로 시작해서 메리야스뜨기 3단
코막기

• 침대 머리, 발치(2개씩)

※침대 머리와 발치는 각각의 지시를 잘 구분해서 따른다.
엄지손가락 방법으로 F실 30코를 잡고 아래단부터 시작한다.

침대 머리
1단(안면) 안뜨기
2~3단 가터뜨기
4~15단 겉뜨기 단으로 시작해서 메리야스뜨기 12단
16~17단 가터뜨기
18~57단 겉뜨기 단으로 시작해서 메리야스뜨기 40단
코막기

발치
18~47단 겉뜨기 단으로 시작해서 메리야스뜨기 30단
코막기

• 매트리스 20단

엄지손가락 방법으로 H실 24코를 잡고 안면부터 시작한다.

1~59단 안뜨기 단으로 시작해서 메리야스뜨기 59단
60단 단 시작부분에 니팅온 방법으로 65코를 잡고 안뜨기 (89코)
61단 단 시작부분에 41코를 잡고 겉뜨기 (130코)
62단 안뜨기
63단 겉뜨기
64단 I실로 바꿔서 겉뜨기 1단
65~67단 겉뜨기 단으로 시작해서 역 메리야스뜨기 3단
68단 J실로 바꿔서 겉뜨기 1단
69~71단 겉뜨기 단으로 시작해서 역 메리야스뜨기 3단
72단 K실로 바꿔서 겉뜨기 1단
73~77단 겉뜨기 단으로 시작해서 역 메리야스뜨기 3단
78단 H실로 바꿔서 겉뜨기 1단
79~81단 겉뜨기 단으로 시작해서 역 메리야스뜨기 3단
82단 I실로 바꿔서 겉뜨기 1단
83~85단 겉뜨기 단으로 시작해서 역 메리야스뜨기 3단
86단 J실로 바꿔서 겉뜨기 1단
87~89단 겉뜨기 단으로 시작해서 역 메리야스뜨기 3단
90단 K실로 바꿔서 겉뜨기 1단
91~93단 겉뜨기 단으로 시작해서 역 메리야스뜨기 3단
94단 H실로 바꿔서 겉뜨기 1단
95~99단 겉뜨기 단으로 시작해서 역 메리야스뜨기 3단
100단 I실로 바꿔서 겉뜨기 1단
101~103단 겉뜨기 단으로 시작해서 역 메리야스뜨기 3단
104단 J실로 바꿔서 겉뜨기 1단
105~107단 겉뜨기 단으로 시작해서 역 메리야스뜨기 3단

108단 K실로 바꿔서 겉뜨기 1단
109~111단 겉뜨기 단으로 시작해서 역 메리야스뜨기 3단
112단 H실로 바꿔서 겉뜨기 1단
113~115단 겉뜨기 단으로 시작해서 역 메리야스뜨기 3단
116단 I실로 바꿔서 겉뜨기 1단
117~121단 겉뜨기 단으로 시작해서 역 메리야스뜨기 3단
122단 J실로 바꿔서 겉뜨기 1단
123~125단 겉뜨기 단으로 시작해서 역 메리야스뜨기 3단
126단 K 실로 바꿔서 겉뜨기 1단
127~129단 겉뜨기 단으로 시작해서 역 메리야스뜨기 3단
130단 H실로 바꿔서 겉뜨기 1단
131~133단 겉뜨기 단으로 시작해서 역 메리야스뜨기 3단
134단 I실로 바꿔서 겉뜨기 1단
135~137단 겉뜨기 단으로 시작해서 역 메리야스뜨기 3단
138단 J실로 바꿔서 겉뜨기 1단
139~143단 겉뜨기 단으로 시작해서 역 메리야스뜨기 3단
144단 K실로 바꿔서 겉뜨기 1단
145~147단 겉뜨기 단으로 시작해서 역 메리야스뜨기 3단
148단 단 시작 부분 65코 겉뜨기 방향으로 코막기, 겉23 (오른쪽 바늘에 24코), 남은 41코 코막고 실 매듭짓기 (24코)
149~207단 남은 코에 실을 다시 걸어서 안뜨기 단으로 시작해서 메리야스뜨기 59단
코막기

• 베개

엄지손가락 방법으로 J실 20코를 잡고 안면에서 시작한다.

1~35단 안뜨기 단으로 시작해서 메리야스뜨기 35단
코막기

• 이불(2장)

엄지손가락 방법으로 J실 40코를 잡고 안면에서 시작한다.

1단 안뜨기
2~3단 C실을 추가해 줄무늬를 넣는다. 실은 느슨하게 위로 올려가며 메리야스뜨기 2단
4~5단 J실로 메리야스뜨기 2단
6~53단 2~5단 12번 반복
J실로 코막기

마무리하기

• 침대 베이스, 콩

침대 베이스의 모서리 4부분을 바느질하고 속을 채운다. 메리야스뜨기한 콩의 바깥면 오른쪽 면부터 단의 끝에서 끝까지 말아준 다음 끝부분과 아랫부분을 동그랗게 모으고 잡아당겨서 풀리지 않게 한다. 콩을 침대 윗부분에 단다. 베이스 부분 윗쪽 모든 면을 바느질해서 마무리한다.

• 침대 머리, 발치

침대 머리와 발 부분의 시작코와 마무리코를 감침질 하고 속을 약간 채운 다음 평평하게 한다. 양 사이드의 끝단을 바느질한다. 침대 베이스 양 끝에 침대 머리와 발을 달아 주는데, 침대 베이스의 가터뜨기 단과 침대 머리와 발 부분의 가터뜨기 단이 만나는 부분에 바느질한다.

• 매트리스 20단

매트리스의 줄무늬 무늬가 있는 단과 베이스 부분을 바느질해서 마무리한다. 속을 채우고 윗부분을 마저 바느질한다.

• 베개

베개의 시작코와 마무리코를 바느질하고 한 쪽 끝의 끝단을 바느질한다. 속을 채우고 남은 끝단을 바느질한다.

• 이불

이불 2장의 안면이 맞닿게 놓고 메리아스 잇기로 테두리 부분을 이어준다.

HOW TO MAKE 왕자

• 신발, 다리, 몸통, 머리

72쪽 누더기를 입은 신데렐라처럼 만들되 L실로 신발, C실로 다리, M실로 몸통 밑부분, N실로 몸통 윗부분, B실로 머리를 만든다.

• 반바지, 튜닉

78쪽 신데렐라의 왕자님처럼 만들되 N실로 반바지, O실로 시작했다가 N실로 바꿔서 튜닉을 만든다.

• 소매, 손, 머리카락

45쪽 잭의 엄마처럼 만들되 N실로 소매, B실로 손, E실로 머리카락을 만든다.

• 소매단, 망토 깃, 망토, 브로치, 왕관

78~79쪽 신데렐라의 왕자님처럼 만들되 O실로 소매단, 망토, 망토 깃, P실로 브로치, Q실로 왕관을 만든다.

마무리하기

• 신발, 다리, 몸통, 머리

73쪽 누더기를 입은 신데렐라처럼 마무리한다.

• 반바지와 튜닉

78쪽 신데렐라의 왕자님처럼 마무리한다.

• 소매, 손, 특징 잡기, 머리카락

45~46쪽 잭의 엄마처럼 마무리한다.

• 소매단, 망토 깃, 망토, 브로치, 왕관

79쪽 신데렐라의 왕자님처럼 마무리한다.

옛날 옛날 한 소녀가 깊은 숲 근처에 살고 있었어요. 사람들은 그 소녀를 빨간 모자라고 불렀답니다.
어느 날 빨간 모자는 엄마 심부름으로 숲 속에 살고 계신 할머니께 음식 바구니를 가져다 드리기로 했어요.
엄마는 빨간모자에게 가는 길에 아무하고도 얘기하지 말라고 신신당부했답니다.

LITTLE RED RIDING HOOD

빨간 모자

뜨개 준비

• 크기

빨간 모자 18cm
할머니 23cm
침대 25cm
늑대 16cm
나무꾼 23cm

• 준비물

DK실 대략적인 양
선홍색(A) 5g
연분홍색(B) 15g
흰색(C) 40g
빨간색(D) 15g
레몬색(E) 5g
갈색(F) 5g
연갈색(G) 100g
금색(H) 5g
라일락색(I) 10g
연녹색(J) 5g
은회색(K) 15g
골든 크림색(L) 20g
베이지색(M) 15g
진회색(N) 20g
검은색(O) 5g
겨자색(P) 10g
진갈색(Q) 10g
암록색(R) 10g
검정, 빨강, 연분홍, 녹색, 하얀색 실 여분
3.25mm 대바늘 한 쌍, 같은 사이즈의 여분 바늘 1개
끝에 동그란 구멍이 달린 시침핀
족집게
아크릴 솜
빨간 색연필
빨대 1개

• 게이지

3.25mm 대바늘, DK실(병태사), 26코× 34단, 10×10cm, 메리야스뜨기

• 작업지침

특별한 지시가 없으면 모든 밑단 솔기는 오른쪽 방향으로 메리야스 잇기를 한다. 시접용으로 한 단 남겨놓는다.

HOW TO MAKE
빨간 모자

• 신발, 다리, 몸통, 머리

오른쪽 다리
엄지손가락 방법으로 A실 10코를 잡고 신발 바닥부터 시작한다. 시작코의 4번째, 5번째 사이에 마커 표시한다.

1단(안면) 안뜨기
2단 겉1, (1코 만들기, 겉1) 끝까지 (19코)
3~5단 안뜨기 단으로 시작해서 메리야스뜨기 3단

오른쪽 신발 모양 잡기
6단 겉1, (겉뜨기로 2코 모아뜨기) 7, 겉4 (12코)
7~23단 B실로 다리를 뜬다. 안뜨기 단으로 시작해서 메리야스뜨기 17단
실을 끊고 잠시 옆에 놔둔다.

왼쪽 다리
엄지손가락 방법으로 A실 10코를 잡고 신발 바닥부터 시작한다. 시작코의 6~7째 사이에 마커 표시한다.

1단(안면) 안뜨기
2단 겉1, (1코 만들기, 겉1) 끝까지 (19코)
3~5단 안뜨기 단으로 시작해서 메리야스뜨기 3단

왼쪽 신발 모양 잡기
6단 겉4, (겉뜨기로 2코 모아뜨기) 7, 겉1 (12코)
7~23단 B실로 다리를 뜬다. 안뜨기 단으로 시작해서 메리야스뜨기 17단

다리 합치기
24단 C실로 바꿔서 몸통 아래를 뜬다. 왼쪽 다리부터 겉뜨기해서 같은 실로 오른쪽 다리도 계속해서 겉뜨기 (24코)
25~29단 안뜨기 단으로 시작해서 메리야스뜨기 5단
30~41단 D실로 바꿔서 몸통 위쪽을 뜬다. 메리야스뜨기 12단
42~43단 B실로 바꿔서 머리를 뜬다. 메리야스뜨기 2단
44단 겉3, (1코 만들기, 겉6) 3, 1코 만들기, 겉3 (28코)
45~51단 안뜨기 단으로 시작해서 메리야스뜨기 7단

정수리 모양 잡기
52단 (겉뜨기로 2코 모아뜨기, 겉2) 끝까지 (21코)
53, 55단 안뜨기
54단 (겉뜨기로 2코 모아뜨기, 겉1) 끝까지 (14코)
56단 (겉뜨기로 2코 모아뜨기) 끝까지 (7코)
실을 바늘에 걸어 통과시킨 후 느슨하게 놔둔다.

• 치마

엄지손가락 방법으로 E실 50코를 잡고 밑단부터 가터뜨기로 겉면에서 시작한다.

1~4단 가터뜨기
5~16단 D실로 바꿔서 겉뜨기 단으로 시작한 뒤 가터뜨기 12단
17단 (겉뜨기로 2코 모아뜨기, 겉3) 끝까지 (40코)
18~20단 안뜨기 단으로 시작해서 메리야스뜨기 3단
21단 (겉뜨기로 2코 모아뜨기, 겉2) 끝까지 (30코)
안뜨기 방향으로 코막기

• 소매, 손(한 쌍)

엄지손가락 방법으로 D실 4코를 잡고 어깨부분부터 시작한다.

1단(안면) 안뜨기
2단 겉1, 1코 모아뜨기, 겉뜨기 끝까지, 1코 만들기, 겉1 (6코)
3~8단 1~2단 3번 반복 (12코)
마지막 단 첫 번째 코와 마지막코에 마커 표시한다.
9~15단 안뜨기 단으로 시작해서 메리야스뜨기 7단
16단 겉1, 겉뜨기로 2코 모아뜨기, (겉2, 겉뜨기로 2코 모아뜨기) 2, 겉1 (9코)
17~21단 B실로 바꿔서 손을 뜬다. 안뜨기 단으로 시작해서 메리야스뜨기 5단
실을 바늘이 있는 코에 통과시킨 다음 잡아당기고 코 사이에 실을 1번 더 통과시켜서 풀리지 않게 한다.

• 소매단(한 쌍)

42쪽 잭의 엄마처럼 만들되 D실을 사용해 만든다.

• 머리카락

42쪽 잭의 엄마처럼 만들되 F실을 사용해 만든다.

• 망토

엄지손가락 방법으로 D실 46코를 잡고 가터뜨기로 겉면에서 시작한다.

1~4단 가터뜨기
5단 겉뜨기
6단 겉2, 2코 남기고 안뜨기, 겉2
7~10단 5~6단 2번 반복
11단 *겉3, (겉뜨기로 2코 모아뜨기, 겉1) 6, 겉2; *1번 반복 (34코)
12단 6단처럼
13단 *겉3, (겉뜨기로 2코 모아뜨기, 겉1) 4, 겉2; *1번 반복 (26코)
14단 6단처럼
15단 겉4, (겉뜨기로 2코 모아뜨기, 겉1) 5, 겉2 (21코)
잡힌 모양(패턴)대로 코막기

• 후드

엄지손가락 방법으로 D실 12코 잡기

1단(안면) 겉2, 안뜨기 끝까지
2단 겉4, (1코 만들기, 겉4) 2 (14코)
3단 겉2, 안뜨기 끝까지
4단 겉뜨기
5~47단 3~4단 21번 반복, 3단 1번 반복
48단 겉3, 겉뜨기로 2코 모아뜨기, 겉4, 겉뜨기로 2코 모아뜨기, 겉3 (12코)
잡힌 모양(패턴)대로 코막기

• 바구니

바구니와 손잡이 테두리는 실 2가닥을 1가닥처럼 취급한다. 엄지손가락 방법으로 G실 2가닥을 모아서 20코를 잡고 가터뜨기로 겉면에서 시작한다.

1~8단 실 1가닥으로 가터뜨기 8단
9단 (겉뜨기로 2코 모아뜨기) 2, 겉2, (겉뜨기로 2코 모아뜨기) 4, 겉2, (겉뜨기로 2코 모아뜨기) 2 (12코)
가터뜨기로 코막기

바구니 손잡이
엄지손가락 방법으로 G실 2가닥을 모아서 12코를 잡는다. 안뜨기 방향으로 실 2가닥을 사용해 코막기

• 꽃(D실, E실, H실로 2개씩)

엄지손가락 방법으로 D실 또는 E실, H실 8코를 잡는다. 실을 바늘이 있는 코에 통과시킨 다음 잡아당기고 코 사이에 실을 1번 더 통과시켜서 풀리지 않게 한다.

마무리하기

• 신발, 다리, 몸통, 머리

81쪽 신데렐라의 시종처럼 마무리한다.

• 치마

치마 끝단을 바느질하고 인형한테 입힌다. 상체의 1째 단과 치마의 시작코를 전부 같이 꿰맨다.

• 소매, 손, 소매단

43쪽 잭처럼 마무리한다.

• 특징 잡기, 머리카락

43쪽 잭처럼 마무리한다.

• 후드, 망토

어깨 주변에 망토를 두르고 턱 밑에서 만나게 한다. 목 주변에 망토를 꿰맨다. 후드의 끝단을 반 접고 솔기 선을 따라 바느질한다. 후드를 망토 윗쪽 테두리에 단다. 빨간 실 1가닥을 90cm가 될 때까지 꼰 다음 작은 리본을 만들어서 턱 밑에 꿰매주고 리본의 양 끝이 2.5cm가 되게 자른다.

• 바구니, 꽃

바구니의 밑단을 감침질 하고 마무리코 부분을 반으로 접어서 감침질한다. 바구니에 손잡이를 달고, 완성된 바구니는 손에 달아준다.
꽃 줄기는 20cm 초록색 실을 6등분하여 꽃 하나당 줄기 하나씩을 꽃 뒷부분에 달고, 줄기를 반으로 접는다. 꽃을 한 묶음으로 모아서 줄기 부분을 끈으로 묶고 줄기 아랫부분이 2.5cm가 되게 자른다. 줄기 부분을 손에 단다.

HOW TO MAKE 할머니

• 몸, 머리

엄지손가락 방법으로 C실 28코를 잡고 하체부터 안면에서 시작한다.

1~7단 안뜨기 단으로 시작해서 메리야스뜨기 7단
8~21단 I실로 바꿔서 상체를 뜬다. 메리야스뜨기 14단
22~23단 B실로 바꿔서 머리를 뜬다. 메리야스뜨기 2단
24단 *겉4, (1코 만들기, 겉2) 4, 겉2; * 1번 반복 (36코)
25~39단 안뜨기 단으로 시작해서 메리야스뜨기 15단

정수리 모양 잡기
40단 (겉뜨기로 2코 모아뜨기, 겉2) 끝까지 (27코)
41, 43단 안뜨기
42단 (겉뜨기로 2코 모아뜨기, 겉1) 끝까지 (18코)
44단 (겉뜨기로 2코 모아뜨기) 끝까지 (9코)
바늘에 실을 꿰어서 코 사이로 통과시키고 꽉 잡아당긴 후 1번 더 실을 통과시켜 풀리지 않게 코막기 한다.

• 슬리퍼, 다리(한 쌍씩)

엄지손가락 방법으로 J실 14코를 잡고 슬리퍼 밑창부터 시작한다.

1단(안면) 안뜨기
2단 겉2, (1코 만들기, 겉2) 끝까지 (20코)
3~5단 안뜨기 단으로 시작해서 메리야스뜨기 3단
6~7단 B실로 바꿔서 다리를 뜬다. 메리야스뜨기 2단

발 모양잡기

8단 겉4, (겉뜨기로 2코 모아뜨기, 겉1) 2, (겉1, 겉뜨기로 2코 모아뜨기) 2, 겉4 (16코)
9단 안뜨기
10단 겉5, (겉뜨기로 2코 모아뜨기, 겉2) 2, 겉3 (14코)
11~31단 안뜨기 단으로 시작해서 메리야스뜨기 21단
코막기

잠옷 치마

엄지손가락 방법으로 I실 60코를 잡고 가터뜨기로 밑단부터 겉면에서 시작한다.

1~8단 가터뜨기
9~24단 C실로 바꿔서 겉뜨기 단으로 시작해 메리야스뜨기 16단
25단 (겉뜨기로 2코 모아뜨기, 겉3) 끝까지 (48코)
26~28단 안뜨기 단으로 시작해서 메리야스뜨기 3단
29단 (겉뜨기로 2코 모아뜨기, 겉2) 끝까지 (36코)
겉뜨기 방향으로 코막기

소매, 손(한 쌍씩)

45쪽 책의 엄마처럼 만들되 C실로 소매를, B실로 손을 만든다.

소매단(한 쌍)

45쪽 책의 엄마처럼 만들되 C실로 만든다.

머리카락

45쪽 책의 엄마처럼 만들되 K실로 만든다.

모브 캡

윗부분
엄지손가락 방법으로 C실 36코를 잡는다.

1단(안면) 안뜨기
2단 겉1, (1코 만들기, 겉2) 끝까지, 1코 만들기, 겉1 (54코)
3~9단 안뜨기 단으로 시작해서 메리야스뜨기 7단
10단 (겉뜨기로 2코 모아뜨기, 겉4) 끝까지 (45코)
11, 13, 15, 17단 안뜨기
12단 (겉뜨기로 2코 모아뜨기, 겉3) 끝까지 (36코)
14단 (겉뜨기로 2코 모아뜨기, 겉2) 끝까지 (27코)
16단 (겉뜨기로 2코 모아뜨기, 겉1) 끝까지 (18코)
18단 (겉뜨기로 2코 모아뜨기) 끝까지 (9코)

실을 바늘이 있는 코에 통과시킨 다음 잡아당기고 코 사이에 실을 1번 더 통과시켜서 풀리지 않게 한다.

캡프릴

엄지손가락 방법으로 C실 100코를 잡고 가터뜨기로 겉면에서 시작한다.

1~2단 가터뜨기
3단 (겉뜨기로 2코 모아뜨기) 끝까지 (50코)
4단 (겉뜨기로 2코 모아뜨기, 겉3) 끝까지 (40코)
가터뜨기로 코막기

숄

엄지손가락 방법으로 I실 49코를 잡는다.

1단(안면) 겉1, (실을 앞으로 가져오고, 겉뜨기로 2코 모아뜨기) 2코 남을 때까지, 실을 앞으로 가져오고, 겉뜨기로 2코 모아 꼬아뜨기
2단 겉뜨기로 3코 모아뜨기, (실을 앞으로 가져오고, 겉뜨기로 2코 모아뜨기) 2코 남을 때까지, 실을 앞으로 가져오고, 겉뜨기로 2코 모아 꼬아뜨기 (47코)
3~23단 2단 21번 반복 (5코)
24단 겉뜨기로 3코 모아뜨기, 실을 앞으로 가져오고, 겉뜨기로 2코 모아 꼬아뜨기 (3코)
25단 겉뜨기로 3코 모아 꼬아뜨기
실 끊기

마무리하기

• 몸통, 머리

머리와 몸 끝단을 바느질하고 속을 채운다. 등쪽 중앙 솔기와 마커 표시한 부분이 만나게 모아서 시작코 부분을 바느질한다. 몸통과 같은 색의 실을 길게 잡고 상체 마지막 단을 따라 둥그렇게 러닝 스티치를 넣는데, 반 코마다 안팎으로 바느질한다. 꽉 잡아당겨 목 모양을 잡고 매듭이 목 안쪽에 생기게 마무리 짓는다.

• 슬리퍼, 다리

슬리퍼의 시작코 부분을 반으로 접고 감침질한다. 슬리퍼의 끝단을 바느질하면서 발가락 부분에 방울솜을 집어 넣는다. 다리 끝단을 바느질하면서 속을 채운다. 각 다리의 뒤쪽 중앙 솔기와 마무리코를 이어서 꿰맨다. 몸통 밑단 시작코에 다리 마무리코를 바느질해 이어준다.

• 잠옷 치마

잠옷 치마 끝단을 바느질한 다음 인형에 입힌다. 허리의 시작코 부분이 몸통 윗부분 첫 번째 단에 오게 바느질한다.

• 소매, 손, 소매단

45쪽 잭의 엄마처럼 마무리한다.

• 특징 잡기, 머리카락

46쪽 잭의 엄마처럼 마무리한다.

• 모브 캡

윗부분의 끝단을 바느질하고 속을 조금 채운다. 윗부분의 아래단을 머리에 꼼꼼히 바느질해서 단다. 프릴 부분을 머리 주변에 두르고 끝단을 바느질하고, 프릴 부분의 마무리코가 모자 윗부분의 시작코와 맞게 이어준다.

• 숄

숄을 어깨에 두르고 바느질해서 단다.

HOW TO MAKE 침대

• 침대 베이스, 매트리스

엄지손가락 방법으로 C실 30코를 잡고 겉면에서 시작한다.

1~70단 겉뜨기 단으로 시작해서 메리야스뜨기 70단
71~72단 가터뜨기
73~86단 G실로 바꿔서 겉뜨기 단으로 시작해서 메리야스뜨기 14단
87~88단 가터뜨기
89~90단 메리야스뜨기, 각 단의 시작부분에 12코를 새로 잡는다. (54코)
91~158단 겉뜨기 단으로 시작해서 메리야스뜨기 68단
159단 시작부분 12코 겉뜨기 방향으로 코막기 (152코)
160단 시작부분 12코 안뜨기 방향으로 코막기, 겉뜨기 끝까지 (30코)
161~174단 겉뜨기 단으로 시작해서 메리야스뜨기 14단
겉뜨기 방향으로 코막기

• 침대 머리, 발치(2개씩)

엄지손가락 방법으로 G실 34코를 잡고 밑단부터 시작한다. ※침대 머리와 발치는 각각의 지시를 잘 구분해서 따른다.

1단(안면) 안뜨기
2~3단 가터뜨기
4~17단 겉뜨기 단으로 시작해서 메리야스뜨기 14단
18~19단 가터뜨기

침대 머리
20~69단 겉뜨기 단으로 시작해서 메리야스뜨기 50단
코막기

발치
20~49단 겉뜨기 단으로 시작해서 메리야스뜨기 30단
코막기

• 베개

엄지손가락 방법으로 L실 30코를 잡고 가터뜨기로 겉면에서 시작한다.

1~45단 가터뜨기
가터뜨기로 코막기

• 이불

엄지손가락 방법으로 L실 45코를 잡고 가터뜨기로 겉면에서 시작한다.

1~4단 가터뜨기
M실을 추가해서 L실과 M실로 줄무늬를 넣는다. 실은 느슨하게 위로 올린다.
5~10단 M실로 가터뜨기
11~16단 L실로 가터뜨기
17~70단 5~16단 4번 반복, 5~10단 1번 반복
71~75단 L실로 가터뜨기
가터뜨기로 코막기

테두리 장식
단의 끝부분을 따라서 테두리 장식을 넣는다. 겉면이 앞으로 오게 한 상태에서 L실로 코를 주워서 테두리를 따라 겉뜨기 39코를 한다.

1~4단 가터뜨기
가터뜨기로 코막기
반대쪽 테두리 부분도 똑같이 반복한다.

마무리하기

• 침대 베이스, 매트리스

베이스의 모서리 부분을 바느질하고 속을 채운다. 매트리스를 침대 베이스에 꼼꼼히 바느질해서 단다.

• 침대 머리, 발치

침대 머리와 발 부분의 시작코와 마무리코 부분을 감침질하고 속을 조금 넣어 평평하게 한다. 매트리스 잇기로 모서리 끝단을 바느질한다. 침대 베이스 양 끝에 침대 머리와 발을 달아주는데, 침대 베이스의 가터뜨기 단과 침대 머리와 발 부분의 가터뜨기 단이 만나는 부분에 바느질한다.

• 베개

베개의 시작코와 마무리코를 바느질하고 한쪽 모서리 끝단을 바느질한다. 속을 채운 다음에 남은 끝단을 전부 바느질한다.

• 이불

테두리 부분을 꿰맨다.

HOW TO MAKE 늑대

101쪽 아기 돼지 삼형제의 늑대처럼 만들되 몸통 베이스에는 N실을 사용하고, 배 부분은 K실을 추가해서, 그리고 머리, 뒷다리, 앞다리, 귀는 N실을 사용, 마지막으로 꼬리는 N실로 시작했다가 K실로 바꿔서 만든다. 그림을 참고해서 하얀색으로 이빨을 수놓는다.

HOW TO MAKE
도끼를 든 나무꾼

• 신발, 다리, 몸, 머리

72쪽 누더기를 입은 신데렐라처럼 만들되 O실로 신발, B실로 다리, C실로 하체, P실로 상체, B실로 머리를 만든다.

• 바지

첫 번째 다리

엄지손가락 방법으로 Q실 22코를 잡고 밑단부터 겉면에서 시작한다.

1~2단 안뜨기 1단, 겉뜨기 1단

3~20단 겉뜨기 단으로 시작해서 메리야스뜨기 18단

21~22단 각 단의 시작부분 2코를 막는다. (18코)

실을 끊고 잠시 옆에 놔둔다.

두 번째 다리

첫 번째 다리처럼 만들고 실은 끊지 않는다.

다리 합치기

23단 안면이 위를 보게 둔 다음, 두 번째 다리부터 겉뜨기를 시작해 같은 실로 첫 번째 다리도 겉뜨기로 뜬다. (36코)

24~30단 안뜨기 단으로 시작해서 메리야스뜨기 7단

코막기

• 벨트

엄지손가락 방법으로 O실 36코를 잡고 가터뜨기로 겉면에서 시작한다.

1~3단 가터뜨기

가터뜨기로 코막기

• 소매, 손, 소매단

45쪽 잭의 엄마처럼 만들되 소매는 P실, 손은 B실, 소매단은 P실로 만든다.

• 머리카락

45쪽 잭의 엄마처럼 만들되 G실을 사용해 만든다.

• 조끼

엄지손가락 방법으로 R실 36코를 잡고 아래단부터 가터뜨기로 겉면에서 시작한다.

1~13단 가터뜨기, 겉면 단에서 끝낸다.

14단 겉5, 4코 막기 (오른쪽 바늘에 6코), 겉17, 4코 막기, 겉4 (28코)

15단 겉5, 뒤집기, 겉뜨기한 5코로 진행

16~31단 가터뜨기, 겉면 단에서 끝낸다.

가터뜨기로 코막기, 실을 끊는다.

남은 코에 다시 실을 걸어서 작업을 진행한다.

32단 겉18, 뒤집기, 겉뜨기한 18코로 진행

33~48단 가터뜨기, 겉면 단에서 끝낸다.

가터뜨기로 코막기, 실을 끊는다.

49~65단 남은 5코에 다시 실을 걸어서 작업을 진행한다. 가터뜨기, 겉면 단에서 끝낸다.

가터뜨기로 코막기

• 모자

엄지손가락 방법으로 N실 54코를 잡고 가터뜨기로 챙 부분부터 겉면에서 시작한다.

1~2단 가터뜨기
3단 (겉뜨기로 2코 모아뜨기, 겉4) 끝까지 (45코)
4단 겉뜨기
5단 (겉뜨기로 2코 모아뜨기, 겉3) 끝까지 (36코)
6~12단 안뜨기 단으로 시작해서 메리야스뜨기 7단
13단 (겉뜨기로 2코 모아뜨기, 겉2) 끝까지 (27코)
14, 16단 안뜨기
15단 (겉뜨기로 2코 모아뜨기, 겉2) 끝까지 (18코)
17단 (겉뜨기로 2코 모아뜨기) 끝까지 (9코)
실을 바늘이 있는 코에 통과시킨 다음 잡아당기고 코 사이에 실을 1번 더 통과시켜서 풀리지 않게 한다.

• 도끼

59쪽 책의 도끼처럼 만들되 손잡이는 M실, 도끼 머리는 K실을 이용해서 만든다.

마무리하기

• 신발, 다리, 몸, 머리

73쪽 누더기를 입은 신데렐라처럼 마무리한다.

• 바지

밑단부터 하복부까지 끝단을 전부 바느질한다. 하복부는 둥글게 바느질하고, 뒤쪽 중앙도 바느질한다. 바지를 인형에 입히고 허리의 마무리코와 상체의 1째 단에 바느질한다.

• 벨트

벨트를 허리에 두르고 끝단을 감침질한 다음, 벨트의 아래단과 웃단을 인형에 바느질해 단다.

• 소매, 손, 소매단

45쪽 책의 엄마처럼 마무리한다.

• 특징잡기, 머리카락

45쪽 책의 엄마처럼 마무리한다.

• 조끼

조끼의 어깨솔기를 바느질한 다음 인형에 입힌다. 조끼의 등 부분을 뒷목부분에 바느질해 고정한다.

• 모자

모자 끝단을 바느질하고 챙 부분을 감침질한다. 모자 윗부분에 속을 조금 채우고, 모자를 씌운 다음 핀으로 고정한다. 박음질로 챙의 겉부분과 머리가 이어지도록 모자와 머리를 통과해 가며 바느질한다.

• 도끼

59쪽 책의 도끼처럼 마무리한다.

옛날 옛날, 골디락스라고 불리는 한 소녀가 숲 근처에 살고 있었어요.
어느 날, 골디락스는 숲 속을 돌아다니다가 길을 잃었어요. 골디락스는 겁에 질렸어요.
그런데 좀 떨어진 곳에 작고 예쁜 집이 보였어요. 그 집은 사실 곰 세 마리의 집이었답니다.

GOLDILOCKS & THE THREE BEARS

골디락스와 곰 세 마리

뜨개 준비

• 크기

골디락스 16.5cm
곰 세 마리 14cm~29cm
포리지 그릇, 스푼 4cm~8cm

• 준비물

DK실 대략적인 양
미디엄 블루(A) 5g
연분홍색(B) 10g
하얀색(C) 10g
연보라색(D) 10g
포도색(E) 5g
금색(F) 10g
갈색(G) 125g
진회색(H) 10g
로얄블루(I) 15g
밝은 분홍색(J) 15g
빨간색(K) 10g
아쿠아 블루(L) 5g
버터밀크(M) 5g
은회색(N) 10g
검정, 빨강, 연분홍 실 여분
3.25mm 대바늘 한 쌍, 같은 사이즈의 여분 바늘 1개
끝에 동그랗게 구멍이 뚫린 시침핀
족집게
아크릴 솜
빨간 색연필
반짝이 모루 3개

• 게이지

3.25mm 대바늘, DK실(병태사), 26코×34단, 10×10cm, 메리야스뜨기

• 작업지침

특별한 지시가 없으면 모든 밑단 솔기는 오른쪽 방향으로 메리야스 잇기를 한다. 시접용으로 한 단 남겨놓는다.

HOW TO MAKE 골디락스

• 신발, 다리, 몸, 머리

80쪽 신데렐라의 시종처럼 만들되 신발은 A실, 다리는 B실, 하체는 C실, 상체는 D실을 사용한다.

• 치마, 허리띠

106쪽 공주와 개구리의 공주가 입은 드레스처럼 만들되 C실로 시작해서 E실로 바꿨다가 D실로 만든다. 허리띠도 106쪽 공주처럼 E실을 사용해 만든다.

• 소매, 손

41쪽 잭처럼 만들되 소매는 E실, 손은 D실을 사용해 만든다.

• 소매단, 깃

81쪽 신데렐라의 시종처럼 만들되 C실을 사용해서 만든다.

• 리본(2개)

엄지손가락 방법으로 A실 15코를 잡고 겉면에서 시작한다.
안뜨기 방향으로 코막기

마무리하기

• 신발, 다리, 몸, 머리

81쪽 신데렐라의 시종처럼 마무리한다.

• 치마와 허리끈

107쪽 공주와 개구리의 공주처럼 마무리한다.

• 소매와 손

43쪽 잭처럼 마무리한다.

• 소매단, 깃

81쪽 신데렐라의 시종처럼 마무리한다.

• 특징 잡기, 머리카락

43쪽 잭처럼 마무리한다.

• 긴 머리카락, 리본

F실을 30cm 길이로 잘라 20가닥 두 묶음을 만든다. 묶음의 가운데 부분에 매듭을 짓고 반으로 접는다. 한 올 한 올 풀어서 곱슬머리를 표현한다. 머리카락 묶음을 머리 양쪽에 달고 허리 길이로 나듬는나.
끝단을 감침질하여 고리 모양을 만든 다음 같은 색으로 가운데를 감아서 리본 모양을 만든다. 리본이 풀리지 않게 바느질하고 머리카락 묶음 윗부분에 단다.

HOW TO MAKE 곰(3마리)

• 아빠곰 몸통

첫 번째 다리
엄지손가락 방법으로 G실 10코를 잡고 밑단부터 시작한다.

1단(안면) 안뜨기
2단 겉1, (1코 만들기, 겉2) 4, 1코 만들기, 겉1 (15코)
3~21단 안뜨기 단으로 시작해서 메리야스뜨기 19단
실을 끊고 잠시 옆에 놔둔다.

두 번째 다리
첫 번째 다리와 똑같이 만들고 실은 끊지 않는다.

다리 합치기
22단 안면이 위로 가게 놓은 다음, 두 번째 다리 겉뜨기, 뒤집기, 니팅온 방법으로 5코를 잡고 뒤집기, 같은 실로 첫 번째 다리도 이어서 겉뜨기 (35코)
23~57단 안뜨기 단으로 시작해서 메리야스뜨기 35단
58단 (겉뜨기로 2코 모아뜨기, 겉5) 끝까지 (30코)
59~61단 안뜨기 단으로 시작해서 메리야스뜨기 3단
62단 (겉뜨기로 2코 모아뜨기, 겉4) 끝까지 (25코)
63단 안뜨기
64단 (겉뜨기로 2코 모아뜨기, 겉3) 끝까지 (20코)
안뜨기 방향으로 코막기

• 엄마곰 몸통

첫 번째 다리
엄지손가락 방법으로 G실 8코를 잡고 밑단부터 시작한다.

1단(안면) 겉뜨기
2단 겉1, (1코 만들기, 겉2) 3, 1코 만들기, 겉1 (12코)
3~17단 안뜨기 단으로 시작해서 메리야스뜨기 15단
실을 끊고 잠시 옆에 놔둔다.

두 번째 다리
첫 번째 다리와 똑같이 만들고 실은 끊지 않는다.

다리 합치기
18단 안면이 위로 가게 놓은 다음, 두 번째 다리 겉뜨기, 뒤집기, 니팅온 방법으로 4코를 잡고 뒤집기, 같은 실로 첫 번째 다리도 이어서 겉뜨기 (28코)
19~43단 안뜨기 단으로 시작해서 메리야스뜨기 25단
44단 (겉뜨기로 2코 모아뜨기, 겉5) 끝까지 (24코)
45~47단 안뜨기 단으로 시작해서, 메리야스뜨기 3단
48단 (겉뜨기로 2코 모아뜨기, 겉4) 끝까지 (20코)
49단 안뜨기
50단 (겉뜨기로 2코 모아뜨기, 겉3) 끝까지 (16코)
안뜨기 방향으로 코막기

• 아기곰 몸통

첫 번째 다리
엄지손가락 방법으로 G실 6코를 잡고 밑단부터 시작한다.

1단(안면) 안뜨기
2단 겉1, (1코 만들기, 겉2) 2, 1코 만들기, 겉1 (9코)
3~11단 안뜨기 단으로 시작해서 메리야스뜨기 9단
실을 끊고 잠시 옆에 놔둔다.

두 번째 다리
첫 번째 다리와 똑같이 만들고 실은 끊지 않는다.

다리 합치기
12단 안면이 위로 가게 놓은 다음, 두 번째 다리 겉뜨기, 뒤집기, 니팅온 방법으로 2코를 잡고 뒤집기, 같은 실로 첫 번째 다리도 이어서 겉뜨기 (20코)
13~27단 안뜨기 단으로 시작해서 메리야스뜨기 15단
28단 (겉뜨기로 2코 모아뜨기, 겉3) 끝까지 (16코)
29단 안뜨기
30단 (겉뜨기로 2코 모아뜨기, 겉2) 끝까지 (12코)

안뜨기 방향으로 코막기

• 아빠곰 머리

엄지손가락 방법으로 G실로 38코를 잡고 밑단부터 시작한다.

1단(안면) 안뜨기
2단 겉2, (1코 만들기, 겉2) 끝까지 (56코)
3~7단 안뜨기 단으로 시작해서 메리야스뜨기 5단
8단 겉27, 1코 만들기, 겉2, 1코 만들기, 겉27 (58코)
9, 11, 13, 15, 17, 19단 안뜨기
10단 겉28, 1코 만들기, 겉2, 1코 만들기, 겉28 (60코)
12단 겉29, 1코 만들기, 겉2, 1코 만들기, 겉29 (62코)
14단 겉30, 1코 만들기, 겉2, 1코 만들기, 겉30 (64코)
16단 겉31, 1코 만들기, 겉2, 1코 만들기, 겉31 (66코)
18단 겉32, 1코 만들기, 겉2, 1코 만들기, 겉32 (68코)
20단 겉33, 1코 만들기, 겉2, 1코 만들기, 겉33 (70코)
21~25단 안뜨기 단으로 시작해서 메리야스뜨기 5단

코 모양 잡기
26단 겉28, 14코 막기 (오른쪽 바늘에 29코), 겉뜨기 끝까지 (56코)
27~29단 남은 코를 밀어서 한데 모으고 안뜨기 단으로 시작해서 메리야스뜨기 3단
30단 (겉뜨기로 2코 모아뜨기, 겉5) 끝까지 (48코)
31, 33, 35, 37, 39단 안뜨기
32단 (겉뜨기로 2코 모아뜨기, 겉4) 끝까지 (40코)
34단 (겉뜨기로 2코 모아뜨기, 겉3) 끝까지 (32코)
36단 (겉뜨기로 2코 모아뜨기, 겉2) 끝까지 (24코)
38단 (겉뜨기로 2코 모아뜨기, 겉1) 끝까지 (16코)
40단 (겉뜨기로 2코 모아뜨기) 끝까지 (8코)
실을 바늘이 있는 코에 통과시킨 다음 잡아당기고 코 사이에 실을 1번 더 통과시켜서 풀리지 않게 한다.

• 엄마곰 머리

엄지손가락 방법으로 G실로 30코를 잡고 밑단부터 시작한다.

1단(안면) 안뜨기
2단 겉2, (1코 만들기, 겉2) 끝까지 (44코)
3~7단 안뜨기 단으로 시작해서 메리야스뜨기 5단
8단 겉21, 1코 만들기, 겉2, 1코 만들기, 겉21 (46코)
9, 11, 13단 안뜨기
10단 겉22, 1코 만들기, 겉2, 1코 만들기, 겉22 (48코)
12단 겉23, 1코 만들기, 겉2, 1코 만들기, 겉23 (50코)
14단 겉24, 1코 만들기, 겉2, 1코 만들기, 겉24 (52코)
15~19단 안뜨기 단으로 시작해서 메리야스뜨기 5단

코 모양 잡기
20단 겉20, 12코 막기 (오른쪽 바늘에 21코), 겉뜨기 끝까지 (40코)
21~23단 남은 코를 밀어서 한 데 모으고 안뜨기 단으로 시작해서 메리야스뜨기 3단
24단 (겉뜨기로 2코 모아뜨기, 겉3) 끝까지 (32코)
25, 27, 29단 안뜨기
26단 (겉뜨기로 2코 모아뜨기, 겉2) 끝까지 (24코)
28단 (겉뜨기로 2코 모아뜨기, 겉1) 끝까지 (16코)
30단 (겉뜨기로 2코 모아뜨기) 끝까지 (8코)
실을 바늘이 있는 코에 통과시킨 다음 잡아당기고 코 사이에 실을 1번 더 통과시켜서 풀리지 않게 한다.

• 아기곰 머리

엄지손가락 방법으로 G실로 22코를 잡고 밑단부터 시작한다.

1단(안면) 안뜨기
2단 겉2, (1코 만들기, 겉2) 끝까지 (32코)
3~5단 안뜨기 단으로 시작해서 메리야스뜨기 3단
6단 겉15, 1코 만들기, 겉2, 1코 만들기, 겉15 (34코)
7, 9단 안뜨기
8단 겉16, 1코 만들기, 겉2, 1코 만들기, 겉16 (36코)
10단 겉17, 1코 만들기, 겉2, 1코 만들기, 겉17 (38코)
11~13단 안뜨기 단으로 시작해서 메리야스뜨기 3단

코 모양 잡기
14단 겉16, 6코 막기 (오른쪽 바늘에 17코), 겉뜨기 끝까지 (32코)
15~17단 남은 코를 밀어서 한 데 모으고 안뜨기 단으로 시작해서 메리야스뜨기 3단
18단 (겉뜨기로 2코 모아뜨기, 겉5) 끝까지 (24코)
19, 21단 안뜨기
20단 (겉뜨기로 2코 모아뜨기, 겉1) 끝까지 (16코)
22단 (겉뜨기로 2코 모아뜨기) 끝까지 (8코)
실을 바늘이 있는 코에 통과시킨 다음 잡아당기고 코 사이에 실을 1번 더 통과시켜서 풀리지 않게 한다.

• 아빠곰 팔

엄지손가락 방법으로 G실 6코를 잡고 어깨부터 시작한다.

1단(안면) 안뜨기
2단 겉1, 1코 만들기, 겉뜨기 끝까지, 1코 만들기, 겉1 (8코)
3~22단 1~2단 10번 반복 (28코)

23~37단 안뜨기 단으로 시작해서 메리야스뜨기 15단
38단 (겉뜨기로 2코 모아뜨기) 끝까지 (14코)
39단 안뜨기
40단 (겉뜨기로 2코 모아뜨기) 끝까지 (7코)
실을 바늘이 있는 코에 통과시킨 다음 잡아당기고 코 사이에 실을 1번 더 통과시켜서 풀리지 않게 한다.

• 엄마곰팔

엄지손가락 방법으로 G실 6코를 잡고 어깨부터 시작한다.

1단(안면) 안뜨기
2단 겉1, 1코 만들기, 겉뜨기 끝까지, 1코 만들기, 겉1 (8코)
3~14단 1~2단 6번 반복 (20코)
15~25단 안뜨기 단으로 시작해서 메리야스뜨기 11단
26단 (겉뜨기로 2코 모아뜨기) 끝까지 (10코)
27단 안뜨기
28단 (겉뜨기로 2코 모아뜨기) 끝까지 (5코)
실을 바늘이 있는 코에 통과시킨 다음 잡아당기고 코 사이에 실을 1번 더 통과시켜서 풀리지 않게 한다.

• 아기곰팔

엄지손가락 방법으로 G실46코를 잡고 어깨부터 시작한다.

1단(안면) 안뜨기
2단 겉1, 1코 만들기, 겉뜨기 끝까지, 1코 만들기, 겉1 (6코)
3~12단 1~2단 5번 반복 (16코)
13~17단 안뜨기 단으로 시작해서 메리야스뜨기 5단
18단 (겉뜨기로 2코 모아뜨기) 끝까지 (8코)
19단 (안뜨기로 2코 모아뜨기) 끝까지 (4코)
실을 바늘이 있는 코에 통과시킨 다음 잡아당기고 코 사이에 실을 1번 더 통과시켜서 풀리지 않게 한다.

• 아빠곰귀

엄지손가락 방법으로 G실 28코를 잡고 아래단부터 안면에서 시작한다.

1~3단 안뜨기 단으로 시작해서 메리야스뜨기 3단
4단 (겉5, 겉뜨기로 2코 모아뜨기, 겉뜨기로 2코 모아뜨기, 겉5) 2 (24코)
5, 7, 9, 11단 안뜨기
6단 (겉4, 겉뜨기로 2코 모아뜨기, 겉뜨기로 2코 모아뜨기, 겉4) 2 (20코)
8단 (겉3, 겉뜨기로 2코 모아뜨기, 겉뜨기로 2코 모아뜨기, 겉3) 2 (16코)
10단 (겉2, 겉뜨기로 2코 모아뜨기, 겉뜨기로 2코 모아뜨기, 겉2) 2 (12코)
12단 (겉1, 겉뜨기로 2코 모아뜨기, 겉뜨기로 2코 모아뜨기, 겉1) 2 (8코)
13단 (안뜨기로 2코 모아뜨기) 끝까지 (4코)
실을 바늘이 있는 코에 통과시킨 다음 잡아당기고 코 사이에 실을 1번 더 통과시켜서 풀리지 않게 한다.

• 엄마곰귀

엄지손가락 방법으로 G실 20코를 잡고 아래단부터 안면에서 시작한다.

1~3단 안뜨기 단으로 시작해서 메리야스뜨기 3단
4단 (겉3, 겉뜨기로 2코 모아뜨기, 겉뜨기로 2코 모아뜨기, 겉3) 2 (16코)
5, 7단 안뜨기
6단 (겉2, 겉뜨기로 2코 모아뜨기, 겉뜨기로 2코 모아뜨기, 겉2) 2 (12코)
8단 (겉1, 겉뜨기로 2코 모아뜨기, 겉뜨기로 2코 모아뜨기, 겉1) 2 (8코)
9단 (안뜨기로 2코 모아뜨기) 끝까지 (4코)
실을 바늘이 있는 코에 통과시킨 다음 잡아당기고 코 사이에 실을 1번 더 통과시켜서 풀리지 않게 한다.

• 아기곰귀

엄지손가락 방법으로 G실 12코를 잡고 아래단부터 안면에서 시작한다.

1~3단 안뜨기 단으로 시작해서 메리야스뜨기 3단
4단 (겉1, 겉뜨기로 2코 모아뜨기, 겉뜨기로 2코 모아뜨기, 겉1) 2 (8코)
5단 (안뜨기로 2코 모아뜨기) 끝까지 (4코)
실을 바늘이 있는 코에 통과시킨 다음 잡아당기고 코 사이에 실을 1번 더 통과시켜서 풀리지 않게 한다.

• 아빠곰모자

엄지손가락 방법으로 H실 44코를 잡고 겉면에서 시작한다.

1~2단 겉뜨기 1단, 안뜨기 1단

3단 겉2, (1코 만들기, 겉2) 끝까지 (65코)
4~10단 안뜨기 단으로 시작해서 메리야스뜨기 7단
11단 겉1, (겉뜨기로 2코 모아뜨기, 겉6) 끝까지 (57코)
12, 14, 16, 18, 20, 22단 안뜨기
13단 겉1, (겉뜨기로 2코 모아뜨기, 겉5) 끝까지 (49코)
15단 겉1, (겉뜨기로 2코 모아뜨기, 겉4) 끝까지 (41코)
17단 겉1, (겉뜨기로 2코 모아뜨기, 겉3) 끝까지 (33코)
19단 겉1, (겉뜨기로 2코 모아뜨기, 겉2) 끝까지 (25코)
21단 겉1, (겉뜨기로 2코 모아뜨기, 겉1) 끝까지 (17코)
23단 겉1, (겉뜨기로 2코 모아뜨기) 끝까지 (9코)
실을 바늘이 있는 코에 통과시킨 다음 잡아당기고 코 사이에 실을 1번 더 통과시켜서 풀리지 않게 한다.

아빠 곰 모자 챙
엄지손가락 방법으로 H실 15코를 잡고 안면부터 시작한다.

1~3단 안뜨기 단으로 시작해서 메리야스뜨기 3단
4단 겉뜨기로 2코 모아뜨기, 2코 남을 때까지 겉뜨기, 겉뜨기로 2코 모아뜨기 (13코)
5단 안뜨기
6단 겉1, 1코 만들기, 겉뜨기 끝까지, 1코 만들기, 겉1 (15코)
7~9단 안뜨기 단으로 시작해서 메리야스뜨기 3단
코막기

• 아빠 곰 멜빵바지, 어깨끈

아빠 곰 멜빵바지(앞면)
첫 번째 다리
엄지손가락 방법으로 I실 19코를 잡고 가터뜨기로 겉면에서 시작한다.

1~2단 가터뜨기
3~12단 겉뜨기 단으로 시작해서 메리야스뜨기 10단
실을 끊고 잠시 옆에 놔둔다.

두 번째 다리
첫 번째 다리처럼 만들고 실은 끊지 않는다.

다리 합치기
13단 두 번째 다리부터 겉뜨기, 뒤집기, 5코를 잡고, 뒤집기, 첫 번째 다리에 이어서 겉뜨기 (43코)
14~32단 안뜨기 단으로 시작해서 메리야스뜨기 19단
33~35단 가터뜨기, 겉면 단에서 끝낸다.**

가슴 부분 모양 잡기
36단 겉뜨기 방향으로 12코 코막기, 겉18 (오른쪽 바늘에 19코), 12코 코막기, 실을 끊고 남은 코에 다시 실을 건다. (19코)
37단 겉뜨기
38단 겉2, 2코 남을 때까지 안뜨기, 겉2
39~52단 37~38단 7번 반복
53~55단 가터뜨기, 겉면 단에서 끝내기
가터뜨기로 코막기

아빠 곰 멜빵바지(뒷면)
앞면처럼 똑같이 코를 잡고 1단부터 **표시까지 따라한다.
가터뜨기로 코막기

어깨 끈(한 쌍)
엄지손가락 방법으로 I실 40코를 잡고 가터뜨기로 시작한다.

1단(겉면) 겉뜨기
가터뜨기로 코막기

• 앞치마, 어깨끈

엄마 곰 앞치마(앞면)
엄지손가락 방법으로 J실 44코를 잡고 가터뜨기로 겉면에서 시작한다.

1~2단 가터뜨기
3~20단 겉뜨기 단으로 시작해서 메리야스뜨기 18단
21단 겉1, 겉뜨기로 2코 모아뜨기, (겉2, 겉뜨기로 2코 모아뜨기) 1코 전까지, 겉1 (33코)
22~23단 가터뜨기**

가슴 부분 모양 잡기
24단 겉뜨기 방향으로 9코 코막기, 겉14 (오른쪽 바늘에 15코), 9코 코막기, 실을 끊고 남은 코에 실을 건다. (15코)
25단 겉뜨기
26단 겉2, 2코 남기고 안뜨기, 겉2
27~36단 23~24단 5번 반복
37~39단 가터뜨기, 겉면 단에서 끝내기
가터뜨기로 코막기

엄마 곰 앞치마(뒷면)
앞면처럼 똑같이 코를 잡고 1단부터 **표시까지 따라한다.
가터뜨기로 코막기

어깨 끈(한 쌍)
엄지손가락 방법으로 J실 30코를 잡고 가터뜨기로 시작한다.

1단(겉면) 겉뜨기
가터뜨기로 코막기

• 아기 곰 멜빵바지, 어깨끈

아기 곰 멜빵바지(앞면)
첫 번째 다리
엄지손가락 방법으로 K실 12코를 잡고 가터뜨기로 겉면에서 시작한다.

1~2단 가터뜨기
3~4단 겉뜨기 단으로 시작해서 메리야스뜨기 2단
실을 끊고 잠시 옆으로 놔둔다.

두 번째 다리
첫 번째 다리처럼 만들고 실은 끊지 않는다.

다리 합치기
5단 두 번째 다리부터 겉뜨기, 뒤집기, 2코 잡기, 뒤집기, 첫 번째 다리로 이어서 겉뜨기 (26코)
6~10단 안뜨기 단으로 시작해서 메리야스뜨기 5단
11~13단 가터뜨기, 겉면 단에서 끝낸다.**

가슴 부분 모양 잡기
14단 겉뜨기 방향으로 8코 코막기, 겉9 (오른쪽 바늘에 10코), 8코 코막기, 실 끊기, 남은 코에 다시 실 걸기 (10코)
15단 겉뜨기
16단 겉2, 마지막 2코를 남기고 안뜨기, 겉2
17~22단 15~16단 3번 반복
23~25단 가터뜨기, 겉면 단에서 끝내기
가터뜨기로 코막기

아기 곰 멜빵바지(뒷면)
앞면처럼 코를 잡고 1단부터 **표시까지 똑같이 따라 한다.
가터뜨기로 코막기

어깨 끈(한 쌍)
엄지손가락 방법으로 K실 25코를 잡고 가터뜨기로 시작한다.

1단(겉면) 겉뜨기
가터뜨기로 코막기

마무리하기

• 몸통

안면이 마주보게 몸통 2장을 서로 맞닿게 놓고 모서리를 꼼꼼히 맞춘다. 목 부분은 벌려놓고, 매트리스 잇기로 바깥 테두리를 바느질한다. 다리와 몸통 속을 채운다.

• 머리

코 윗부분에 있는 마무리코를 반으로 접고 감침질한다. 머리 끝단을 바느질하고 속을 채우는데 코에 방울솜을 넣어준다. 머리를 몸통에 핀으로 고정하고 짧은 수평방향 자수를 머리에서부터 하나, 몸통에서부터 하나 넣는다. 이런 식으로 반복해서 머리와 몸통을 잇는데 작은 틈을 남겨서 목에 솜을 넣어준 다음 틈을 막는다.

• 팔

직선 끝단을 바느질하고 속을 채운다. 팔 윗부분은 바느질하고 놔둔다. 목에 팔 윗부분을 바느질해서 팔을 단다.

• 귀

솔기가 뒷부분 중앙에서 만나게 끝단을 바느질한다. 엄마 곰과 아기 곰 머리에 귀를 단다. 아빠 곰의 귀는 모자를 달아준 다음에 단다.

• 아빠 곰 모자

모자 끝단을 바느질하고 속을 조금 채운다. 모자 밑단을 머리에 고정하고 바느질한다. 챙의 시작코와 마무리코가 겹치게 챙을 접고 모자 앞쪽 중앙 밑단에 단다.

• 특징잡기

검은색 실로 특징을 잡는다. 핀 2개로 눈 위치를 잡는다. 아빠 곰과 엄마 곰은 수직방향으로 체인 스티치를 한 땀 넣고 그 위에 한 땀 더 넣는다. 아기 곰은 수직방향 체인 스티치를 한 땀만 넣는다. 코와 입은 스트레이트 스티치로 넣어준다. (171쪽을 참고하여 수놓은 자국이 안 보이게 처리한다.)

• 멜빵바지, 어깨끈

멜빵바지 다리와 하복부 끝단을 바느질한다. 인형에 옷을 입히고 가슴받이 윗부분에 어깨끈을 단다. 끈을 어깨 너머로 넘기고 등에서 X자로 교차시킨 다음 허리에 바느질해서 고정한다. 멜빵바지 마무리코 부분을 곰 몸통에 바느질한다.

• 앞치마, 어깨끈

앞치마의 끝단을 바느질한다. 인형에 옷을 입히고 가슴받이 윗부분에 어깨끈을 단다. 끈을 어깨 너머로 넘기고 등에서 X자로 교차시킨 다음 허리에 바느질해서 고정한다. 앞치마의 마무리코 부분을 곰 몸통에 바느질한다.

HOW TO MAKE
포리지 그릇, 숟가락

• 큰 그릇

엄지손가락 방법으로 L실 10코를 잡고 바닥부분부터 안면에서 시작한다.

1, 3, 5, 7단 안뜨기
2단 겉1, (1코 만들기, 겉1) 끝까지 (19코)
4단 겉1, (1코 만들기, 겉2) 끝까지 (28코)
6단 겉1, (1코 만들기, 겉3) 끝까지 (37코)
8단 겉1, (1코 만들기, 겉4) 끝까지 (46코)
9~17단 안뜨기 단으로 시작해서 메리야스뜨기 9단
18~25단 C실로 바꿔서 가터뜨기 8단
26~33단 겉뜨기 단으로 시작해서 메리야스뜨기 8단
34단 겉1, (겉뜨기로 2코 모아뜨기, 겉3) 끝까지 (37코)
35, 37, 39단 안뜨기
36단 겉1, (겉뜨기로 2코 모아뜨기, 겉2) 끝까지 (28코)
38단 겉1, (겉뜨기로 2코 모아뜨기, 겉1) 끝까지 (19코)
40단 겉1, (겉뜨기로 2코 모아뜨기) 끝까지 (10코)
실을 바늘이 있는 코에 통과시킨 다음 잡아당기고 코 사이에 실을 1번 더 통과시켜서 풀리지 않게 한다.

• 큰 포리지

엄지손가락 방법으로 M실 7코를 잡고 멍석뜨기로 겉면에서 시작한다.

1단 겉1, (안1, 겉1) 끝까지 (이렇게 뜨는 걸 멍석 뜨기라고 한다. 뒤에 반복해서 나온다.)
2단 겉1, 다음 코 앞으로 (안1, 겉1, 안1), 겉1, 안1, 겉1, 다음 코 앞으로 (안1, 겉1, 안1), 겉1 (11코)
3단 멍석 뜨기
4단 겉1, 다음 코 앞으로 (안1, 겉1, 안1), 멍석뜨기 7코, 다음 코 앞으로 (안1, 겉1, 안1), 겉1 (15코)
5~16단 멍석뜨기 12단
17단 겉1, 안뜨기로 3코 모아뜨기, 멍석뜨기 7코, 안뜨기로 3코 모아뜨기, 겉1 (11코)
18단 멍석뜨기
19단 겉1, 안뜨기로 3코 모아뜨기, 겉1, 안1, 겉1, 안뜨기로 3코 모아뜨기, 겉1 (7코)
20단 멍석뜨기
멍석뜨기로 코막기

• 중간 크기 그릇

엄지손가락 방법으로 L실 10코를 잡고 바닥부분부터 안면에서 시작한다.

1, 3, 5단 안뜨기
2단 겉1, (1코 만들기, 겉1) 끝까지 (19코)
4단 겉1, (1코 만들기, 겉2) 끝까지 (28코)
6단 겉1, (1코 만들기, 겉3) 끝까지 (37코)
7~13단 안뜨기 단으로 시작해서 메리야스뜨기 7단
14~21단 C실로 바꿔서 가터뜨기 8단
22~27단 겉뜨기 단으로 시작해서 메리야스뜨기 6단
28단 겉1, (겉뜨기로 2코 모아뜨기, 겉2) 끝까지 (28코)
29, 31단 안뜨기
30단 겉1, (겉뜨기로 2코 모아뜨기, 겉1) 끝까지 (19코)
32단 겉1, (겉뜨기로 2코 모아뜨기) 끝까지 (10코)
실을 바늘이 있는 코에 통과시킨 다음 잡아당기고 코 사이에 실을 1번 더 통과시켜서 풀리지 않게 한다.

• 중간 포리지

엄지손가락 방법으로 M실 7코를 잡고 멍석뜨기로 겉면에서 시작한다.

1단 겉1, (안1, 겉1) 끝까지 (이렇게 뜨는 걸 멍석 뜨기라고 한다. 뒤에 반복해서 나온다.)
2단 겉1, 다음 코 앞으로 (안1, 겉1, 안1), 겉1, 안1, 겉1, 다음 코 앞으로 (안1, 겉1, 안1), 겉1 (11코)
3~12단 멍석 뜨기
13단 겉1, 안뜨기로 3코 모아뜨기, 멍석뜨기 7코, 안뜨기로 3코 모아뜨기, 겉1 (7코)
14단 멍석뜨기
멍석뜨기로 코막기

• 작은 그릇

엄지손가락 방법으로 L실 9코를 잡고 바닥부분부터 안면에서 시작한다.

1, 3단 안뜨기
2단 겉1, (1코 만들기, 겉1) 끝까지 (17코)
4단 겉1, (1코 만들기, 겉2) 끝까지 (25코)
5~9단 안뜨기 단으로 시작해서 메리야스뜨기 5단
10~15단 C실로 바꿔서 가터뜨기 6단
16~19단 겉뜨기 단으로 시작해서 메리야스뜨기 4단
20단 겉1, (겉뜨기로 2코 모아뜨기, 겉2) 끝까지 (17코)
21단 안뜨기
22단 겉1, (겉뜨기로 2코 모아뜨기) 끝까지 (9코)
실을 바늘이 있는 코에 통과시킨 다음 잡아당기고 코 사이에 실을 1번 더 통과시켜서 풀리지 않게 한다.

• 작은 포리지

엄지손가락 방법으로 M실 5코를 잡고 멍석뜨기로 겉면에서 시작한다.

1단 겉1, (안1, 겉1) 끝까지 (이렇게 뜨는 걸 멍석 뜨기라고 한다. 뒤에 반복해서 나온다.)
2단 겉1, 다음 코 앞으로 (안1, 겉1, 안1), 겉1, 다음 코 앞으로 (안1, 겉1, 안1), 겉1 (9코)
3~6단 멍석 뜨기
7단 겉1, 안뜨기로 3코 모아뜨기, 겉1, 안뜨기로 3코 모아뜨기, 겉1 (5코)
8단 멍석뜨기
멍석뜨기로 코막기

• 큰 스푼

엄지손가락 방법으로 N실 24코를 잡는다.

1단(안면) 안뜨기 방향으로 1코 건너뛰기, 안8, 뒤집기
2단 겉뜨기 방향으로 1코 건너뛰기, 겉 끝까지
3단 안뜨기 방향으로 1코 건너뛰기, 안9
4단 겉뜨기 방향으로 1코 건너뛰기, 겉 끝까지
5~6단 3~4단 반복
7단 안뜨기 방향으로 1코 건너뛰기, 안8, 뒤집기
8단 겉뜨기 방향으로 1코 건너뛰기, 겉 끝까지
9~12단 안뜨기 단으로 시작해서 메리야스뜨기 4단
13~14단 7~8단 반복
15~18단 3~6단 반복
19~20단 1~2단 반복
21단 안뜨기
느슨하게 코막기

• 중간 스푼

엄지손가락 방법으로 N실 18코를 잡는다.

1단(안면) 안뜨기 방향으로 1코 건너뛰기, 안6, 뒤집기
2단 겉뜨기 방향으로 1코 건너뛰기, 겉 끝까지
3단 안뜨기 방향으로 1코 건너뛰기, 안7
4단 겉뜨기 방향으로 1코 건너뛰기, 겉 끝까지
5단 안뜨기 방향으로 1코 건너뛰기, 안6, 뒤집기
6단 겉뜨기 방향으로 1코 건너뛰기, 겉 끝까지
7~10단 안뜨기 단으로 시작해서 메리야스뜨기 4단
11~12단 5~6단 반복
13~14단 3~4단 반복
15~16단 1~2단 반복
17단 안뜨기
느슨하게 코막기

• 작은 스푼

엄지손가락 방법으로 N실 12코를 잡는다.

1단(안면) 안뜨기 방향으로 1코 건너뛰기, 안4, 뒤집기
2단 겉뜨기 방향으로 1코 건너뛰기, 겉 끝까지
3단 안뜨기 방향으로 1코 건너뛰기, 안5, 뒤집기
4단 겉뜨기 방향으로 1코 건너뛰기, 겉 끝까지
5단 모든 코 안뜨기
6단 겉뜨기
7~8단 3~4단 반복
9~10단 1~2단 반복
11단 안뜨기
느슨하게 코막기

마무리하기

• 그릇, 포리지

겉뜨기한 면의 겉면이 바깥을 보도록 놓고 끝단을 바느질한다. 안감이 그릇 안쪽을 보게 모양을 잡고 모양이 풀리지 않게 가운데를 꿰뚫으면서 바느질한다. 솜을 작은 공 모양으로 뭉쳐서 그릇 안을 채우고 포리지의 바깥 테두리를 그릇에 꿰메고 틈을 좀 남겨둔다. 틈 사이로 솜을 좀 더 넣어 채우고 틈을 바느질해서 막는다.

• 스푼

겉뜨기한 면의 겉면이 바깥을 보도록 놓고 스푼의 오목한 곳의 시작코와 마무리코를 바느질한다. 이 솔기가 오목한 부분 뒷면 중앙에 오도록 바느질한다. 반짝이 모루를 반으로 접어서 수저 손잡이 부분 안면에 넣고 시작코와 바느질코를 바느질해서 이어준다. 빠져나온 반짝이 모루는 자르고 스푼의 끝부분을 둥그렇게 모으고 실을 잡아당기고 묶는다. 스푼의 오목한 부분 모양을 잡으려면 테두리 부분에 게더링 스티치를 넣는다. 테두리 부분을 홈질하고 실을 잡아당겨서 주름을 만들듯이 하고 실을 묶은 다음 끊는다.

옛날 옛날, 어느 왕과 왕비에게 아기 공주님이 태어났어요. 왕과 왕비는 왕국 안의 모든 요정을 초대해 공주에게 축복을 내리게 했어요. 그런데 왕과 왕비는 깜빡하고 한 명의 요정만 초대를 못했답니다. 그 요정은 마녀처럼 심보가 고약했어요. 무시당했다고 생각한 그 요정은 공주에게 저주를 내렸답니다.

SLEEPING BEAUTY

잠자는 숲 속의 공주

뜨개 준비

• 크기

잠자는 숲속의 공주 22cm
침대 25cm
왕자 22cm

• 준비물

DK실 대략적인 양
하얀색(A) 30g
빨간색(B) 30g
연분홍색(C) 10g
갈색(D) 10g
레몬색(E) 5g
연보라색(F) 150g
초록색(G) 30g
검정색(H) 5g
회색(I) 5g
미디엄 블루(J) 15g
금색(K) 20g
진갈색(L) 5g
밝은 초록색(M) 5g
검정, 빨강, 연분홍 실 여분
3.25mm 대바늘 한 쌍, 같은 사이즈의 여분 바늘 1개
끝에 둥그런 구멍이 뚫린 시침핀
족집게
아크릴 솜
빨간 색연필

• 게이지

3.25mm 대바늘, DK실(병태사), 26코×34단, 10×10cm, 메리야스뜨기

• 작업지침

특별한 지시가 없으면 모든 밑단 솔기는 오른쪽 방향으로 메리야스 잇기를 한다. 시접용으로 한 단 남겨놓는다.

HOW TO MAKE
공주

잠자는 숲 속의 공주는 뒤죽박죽 양면 인형으로, 한쪽은 잠자는 공주, 뒤집어서 나오는 다른 한쪽은 깨어난 공주로 되어있다. 드레스 상의, 머리(2개씩 A실로 만든 드레스 상의는 잠자는 공주, B실로 만든 드레스 상의는 깨어난 공주)

• 잠자는 공주 몸통

엄지손가락 방법으로 A 또는 B실 28코를 잡고 안면부터 드레스 상의를 만든다.

1~13단 안뜨기 단으로 시작해서 메리야스뜨기 13단
14~15단 C실로 바꿔서 머리를 뜬다. 메리야스뜨기 2단
16단 *겉4, (1코 만들기, 겉2) 4, 겉2; * 1번 반복 (36코)
17~31단 안뜨기 단으로 시작해서 메리야스뜨기 15단

정수리 모양 잡기
32단 (겉뜨기로 2코 모아뜨기, 겉2) 끝까지 (27코)
33, 35단 안뜨기
34단 (겉뜨기로 2코 모아뜨기, 겉1) 끝까지 (18코)
36단 (겉뜨기로 2코 모아뜨기) 끝까지 (9코)
실을 바늘이 있는 코에 통과시킨 다음 잡아당기고 코 사이에 실을 1번 더 통과시켜서 풀리지 않게 한다.

• 잠자는 공주 드레스 치마

엄지손가락 방법으로 B실 72코를 잡고 치마의 밑단부터 가터뜨기로 겉면에서 시작한다.

1~4단 가터뜨기
5~6단 겉뜨기 1단 후 안뜨기 1단
7~8단 가터뜨기
9~16단 5~8단 2번 반복
17~30단 A실로 바꿔서 겉뜨기 단으로 시작, 메리야스뜨기 14단
31단 (겉뜨기로 2코 모아뜨기, 겉4) 끝까지 (60코)
32~34단 안뜨기 단으로 시작해서 메리야스뜨기 3단
35단 (겉뜨기로 2코 모아뜨기, 겉3) 끝까지 (48코)
36~38단 안뜨기 단으로 시작해서 메리야스뜨기 3단
39단 (겉뜨기로 2코 모아뜨기, 겉2) 끝까지 (36코)
안뜨기 방향으로 코막기

• 깨어난 공주 몸통

엄지손가락 방법으로 A실 72코를 잡고 치마의 밑단부터 가터뜨기로 겉면에서 시작한다.

1~8단 안뜨기 단으로 시작해서 메리야스뜨기 8단, 겉면 단에서 끝낸다. (나중에 아랫부분으로 돌릴 부분)
피코 단 겉2, (실을 앞으로 옮기고, 겉뜨기로 2코 모아뜨기) 끝까지
10~17단 겉뜨기 단으로 시작해서 메리야스뜨기 8단
18~21단 B실로 바꿔서 가터뜨기 4단
22~41단 겉뜨기 단으로 시작해서 메리야스뜨기 20단
42단 (겉뜨기로 2코 모아뜨기, 겉4) 끝까지 (60코)
43~45단 안뜨기 단으로 시작해서 메리야스뜨기 3단
46단 (겉뜨기로 2코 모아뜨기, 겉3) 끝까지 (48코)
47~49단 안뜨기 단으로 시작해서 메리야스뜨기 3단
50단 (겉뜨기로 2코 모아뜨기, 겉2) 끝까지 (36코)
안뜨기 방향으로 코막기

• 깨어난 공주 허리끈(1개)

엄지손가락 방법으로 A실 36코를 잡는다.

1단(겉면) 겉뜨기
겉뜨기 방향으로 코막기

• 소매, 손 (잠자는 공주 A실, 깨어난 공주 B실)

엄지손가락 방법으로 A 또는 B실 9코를 잡고 소매부터 만든다.

1단(안면) 안뜨기
2단 (겉2, 1코 만들기) 2, 겉1, (1코 만들기, 겉2) 2 (13코)
3~17단 안뜨기 단으로 시작해서 메리야스뜨기 15단
18단 겉3, (겉뜨기로 2코 모아뜨기, 겉3) 2 (11코)
19~23단 C실로 바꿔서 손을 뜬다. 안뜨기 단으로 시작해서 메리야스뜨기 5단
24단 겉뜨기로 2코 모아뜨기, (겉1, 겉뜨기로 2코 모아뜨기) 끝까지 (7코)
실을 바늘이 있는 코에 통과시킨 다음 잡아당기고 코 사이에 실을 1번 더 통과시켜서 풀리지 않게 한다.

• 소매단 (잠자는 공주 B실, 깨어난 공주 A실)

엄지손가락 방법으로 A 또는 B실 15코를 잡고 겉면에서 시작한다. 안뜨기 방향으로 코막기

• 잠자는 공주 땋은 머리

45쪽 잭의 엄마처럼 만들되 D실로 만든다.

• 깨어난 공주 머리카락(4개)

엄지손가락 방법으로 D실 16코를 잡고 겉면에서 시작한다.
느슨하게 안뜨기 방향으로 코막기

• 왕관

79쪽 신데렐라의 왕자처럼 만들되 E실로 만든다.

마무리하기

• 드레스 상의, 머리

드레스 상의와 머리 끝부분을 바느질하고 속을 채운다. 드레스 상의의 밑단 부분이 겹쳐지게 솔기를 맞춰서 놓고 감침질하면서 틈을 조금 남긴다. 속을 더 채우고 틈을 바느질해서 막는다. 드레스 상의와 같은 색 실을 2개 겹쳐서 잡고 러닝 스티치로 상체 마지막 단을 바느질한다. 반 코마다 안팎으로 바느질한다. 실을 잡아당겨서 목 부분 모양을 잡고 목 안쪽에 매듭을 짓고 마무리한다.

• 드레스 치마

잠자는 공주의 치마 밑단을 바느질한다. 솔기가 뒤쪽 중앙에 위치하도록 치마를 잠자는 공주에게 입히고 허리 부분에 있는 마무리코 부분을 하얀 드레스 상체 첫 번째 단에 바느질한다. 깨어난 공주 드레스 피코 단에 맞출 수 있도록 잠자는 공주의 치마를 접어서 바느질한다. 인형의 위아래가 바뀌도록 돌린 다음 치마가 밑으로 가게 뒤집는다. 깨어난 공주의 치맛단을 밑단부터 허리 5cm 아래까지 바느질한다. 깨어난 공주에게 치마를 입히고 밑단 바느질을 마무리한다. 솔기가 뒤쪽 중앙에 위치하도록 허리에 있는 마무리코 부분을 빨간 드레스 상의 1째 단에 바느질한다.

• 허리띠

깨어난 공주의 허리에 두르고 끝단을 감침질한다. 인형의 허리에 바느질해 고정한다.

• 소매, 손

손의 끝단을 바느질하고 방울솜을 손에 채워 넣는다. 손목부터 어깨 아래 2.5cm까지 끝단을 바느질한다. 소매에 속을 채우고 끝단 바느질을 마무리한다. 솔기가 안쪽 중앙에 오도록 시작코 부분을 바느질한다. 팔 4개가 각각 목 아래 2째 단에 오도록 감침질한다.

• 소매단

손목에 소매단을 두르고 끝단을 바느질한다. 박음질로 손목에 소매단을 고정한다.

• 특징잡기

깨어난 공주는 46쪽 책의 엄마처럼 특징을 잡는다. 잠자는 공주는 사진을 참고하여 검은색 실로 스트레이트 스티치를 넣어 감은 눈을 표현한다. 코와 작은 V 모양 입은 46쪽 책의 엄마처럼 특징을 잡는다.

• 머리카락

46쪽 책의 엄마처럼 머리를 마무리한다.

• 잠자는 공주 땋은 머리

머리카락과 같은 색 실 50cm를 9가닥으로 한 묶음으로 만든 다음 가운데 부분에 매듭을 만들고 반으로 접는다. 세 갈래로 나눠서 5cm 정도 땋아준 다음 매듭을 짓는다. 매듭에서 13mm 아래에 있는 실은 가위로 잘라 다듬는다. 2개를 만들어서 머리 양쪽에 단다.

• 깨어난 공주 머리카락

고리 모양의 끝단을 각각 감침질한 다음 머리 한쪽에 두 개씩 단다.

• 침대, 베개

124~125쪽 빨간 모자의 할머니가 쓰는 침대와 베개처럼 만들되 각각 F실, G실을 이용해 만든다.

• 이불

엄지손가락 방법으로 G실 36코를 잡고 가터뜨기로 겉면에서 시작한다.

1~4단 가터뜨기
5~10단 F실을 이어서 가터뜨기 6단
11~16단 실을 느슨히 작업물 위로 올리면서 작업한다. G실로 가터뜨기 6단
17~28단 5~16단 반복
29~30단 F실로 바꿔서 가터뜨기를 계속한다. 각 단의 시작 부분에 니팅온 방법으로 10코를 잡는다. (56코)
31~34단 F실을 사용해서 가터뜨기 4단
35~40단 G실로 가터뜨기 6단
41~46단 F실로 바꿔서 가터뜨기 6단
47~106단 35~46단 5번 반복
107~111단 G실로 바꿔서 가터뜨기 5단
가터뜨기로 코막기

• 테두리

넓은 부분의 밑단을 테두리 작업을 한다. 겉면에서 G실을 사용해 코를 주워서 테두리를 따라 42코 겉뜨기

1~4단 가터뜨기 4단
가터뜨기로 코막기
반대쪽도 똑같이 반복한다.

마무리하기

• 침대, 베개

125쪽 할머니의 침대처럼 침대와 베개를 마무리한다.

• 이불

코너 솔기를 바느질하고 아랫부분에 있는 테두리 밑단을 바느질한다.

HOW TO MAKE
왕자

• 신발, 다리, 몸통, 머리

73쪽 누더기를 입은 신데렐라처럼 만들되 신발은 H실, 다리는 A실, 몸통 아랫부분은 I실, 몸통 윗부분은 J실, 머리는 C실을 사용해서 만든다.

• 반바지, 튜닉

78쪽 누더기를 입은 신데렐라처럼 만들되 반바지는 J실로, 튜닉은 K실로 시작했다가 J실로 바꿔서 만든다.

• 소매, 손, 머리카락

45쪽 잭의 엄마처럼 만들되 소매는 J실, 손은 C실, 머리카락은 L실로 만든다.

• 소매단, 망토 깃, 망토, 브로치

78~79쪽 신데렐라의 왕자처럼 만들되 K실로 소매단, 망토 깃, 망토를, B실로 브로치를 만든다.

• 모자

엄지손가락 방법으로 J실 64코를 잡고 가터뜨기로 챙 부분부터 겉면에서 시작한다.

1~2단 가터뜨기
3단 겉24, (겉뜨기로 2코 모아뜨기, 겉2) 끝까지 (54코)
4~6단 가터뜨기
7단 (겉뜨기로 2코 모아뜨기, 겉1) 끝까지 (36코)
8~14단 안뜨기 단으로 시작해서 메리야스뜨기 7단
15단 (겉뜨기로 2코 모아뜨기, 겉2) 끝까지 (27코)
16, 18단 안뜨기
17단 (겉뜨기로 2코 모아뜨기, 겉1) 끝까지 (17코)
19단 (겉뜨기로 2코 모아뜨기) 끝까지 (9코)
실을 바늘이 있는 코에 통과시킨 다음 잡아당기고 코 사이에 실을 1번 더 통과시켜서 풀리지 않게 한다.

• 깃털(B실, K실, M실로 각각 하나씩)

엄지손가락 방법으로 B실, 또는 K실, M실 18코를 잡는다.

1단(겉면) 겉6, (겉뜨기로 3코 모아뜨기) 2, 겉6 (14코)
겉뜨기 방향으로 코막기

마무리하기

• 신발, 다리, 몸통, 머리

73쪽 누더기를 입은 신데렐라처럼 마무리한다.

• 반바지, 튜닉

79쪽 신데렐라의 왕자처럼 마무리한다.

• 소매, 손, 특징 잡기, 머리카락

45~46쪽 잭의 엄마처럼 마무리한다.

• 소매단, 망토 깃, 망토, 브로치

79쪽 신데렐라의 왕자처럼 마무리한다.

• 모자, 깃털

모자의 끝단을 바느질하고 챙의 끝단을 감침질한다. 모자의 윗부분에 속을 조금 채우고 머리에 씌운다. 솔기가 오른쪽에 오도록 모자를 고정한 다음 챙의 오른쪽 부분을 박음질하여 머리에 달고, 전체적으로 머리와 모자를 바느질해 단다. 깃털의 마무리코 부분을 반으로 접은 다음 감침질한다. 사진을 참고하여 깃털을 모자에 달고 챙 모양을 잡으면서 바느질해 마무리한다.

헨젤과 그레텔은 나무꾼 아버지와 못된 계모와 같이 살고 있었어요. 어느 날, 계모는 헨젤과 그레텔을 숲으로 데리고 간 다음, 둘만 두고 집으로 돌아가버렸어요. 길을 잃은 헨젤과 그레텔은 겁에 질린 채 숲 속을 헤맸어요. 그러다가 숲 깊숙한 곳에서 생강쿠키, 초콜릿, 사탕으로 만들어진 과자집을 발견했답니다.

HANSEL & GRETEL

헨젤과 그레텔

뜨개 준비

• 크기

헨젤과 그레텔 16.5cm
과자집 25cm

• 준비물

DK실 대략적인 양
검은색(A) 5g
연분홍색(B) 10g
회색(C) 5g
흰색(D) 15g
겨자색(E) 10g
베이지색(F) 5g
갈색(G) 5g
진갈색(H) 5g
보라색(I) 10g
연한 갈색(J) 5g
파란색(K) 5g
초록색(L) 5g
적갈색(M) 125g
밝은 분홍색(N) 10g
검정, 빨강, 연분홍 실 여분
3.25mm 대바늘 한 쌍, 같은 사이즈의 여분 바늘 1개
끝에 동그랗게 구멍이 뚫린 시침핀
족집게
아크릴 솜
빨간 색연필

• 게이지

3.25mm 대바늘, DK실(병태사), 26코×34단, 10×10cm, 메리야스뜨기

• 작업지침

특별한 지시가 없으면 모든 밑단 솔기는 오른쪽 방향으로 메리야스 잇기를 한다. 시접용으로 한 단 남겨놓는다.

HOW TO MAKE 헨젤

• 신발, 다리, 몸통, 머리

80쪽 신데렐라의 시종처럼 만들되 신발은 A실, 다리는 B실, 하체는 C실, 상체는 D실, 머리는 B실로 만든다.

• 반바지, 벨트

첫 번째 다리
엄지손가락 방법으로 E실 18코를 잡고 아래단부터 겉면에서 시작한다.

1~12단 겉뜨기 단으로 시작해서 메리야스뜨기 12단
13~14단 메리야스뜨기 2단, 각 단의 시작 1코 막기 (16코)
실을 끊고 잠시 옆에 놔둔다.

두 번째 다리
첫 번째 다리처럼 만들고 실을 끊지 않는다.

다리 연결하기
15단 겉면에서 두 번째 다리부터 겉뜨기를 시작해서 같은 실로 첫 번째 다리까지 이어서 겉뜨기 (32코)
16~20단 안뜨기 단으로 시작해서 메리야스뜨기 5단

• 벨트

21~22단 가터뜨기 2단
안뜨기 방향으로 코막기

• 소매, 손

41쪽 잭처럼 만들되 소매는 D실, 손은 B실로 만든다.

• 멜빵 끈(2개)

엄지손가락 방법으로 F실 24코를 잡고 겉면에서 시작한다.
안뜨기 방향으로 코막기

• 머리카락

42쪽 잭처럼 G실을 사용해 만든다.

마무리하기

• 신발, 다리, 몸통, 머리

81쪽 신데렐라의 시종처럼 마무리한다.

• 반바지

반바지 밑단부터 하복부까지 솔기를 바느질한다. 감침질로 하복부는 둥글게 바느질하고 뒷부분 중앙 끝단을 바느질한다. 인형에 반바지를 입히고 반바지 허리에 있는 마무리코 부분을 상체의 1째 단에 꼼꼼히 꿰매서 단다.

• 소매, 손

43쪽 잭처럼 마무리한다.

• 멜빵 끈

반바지 앞쪽에 멜빵 끈 밑단을 바느질해서 달아준 다음 어깨를 지나 등에서 X자로 교차하여 반바지 뒤쪽에 바느질로 고정한다.

• 특징 잡기, 머리카락

43쪽 잭처럼 마무리한다.

HOW TO MAKE
그레텔

• 신발, 다리, 몸통, 머리

80쪽 신데렐라의 시종처럼 만들되 신발은 H실, 다리는 B실, 몸통 아래는 D실, 몸통 위는 I실, 머리는 B실로 만든다.

• 드레스 치마

엄지손가락 방법으로 I실 50코를 잡고 밑단부터 가터뜨기로 겉면에서 시작한다.

1~4단 가터뜨기
5~18단 겉뜨기 단으로 시작해서 메리야스뜨기 14단
19단 (겉뜨기로 2코 모아뜨기, 겉3) 끝까지 (40코)
20~22단 안뜨기 단으로 시작해서 메리야스뜨기 3단
23단 (겉뜨기로 2코 모아뜨기, 겉2) 끝까지 (30코)
겉뜨기 방향으로 코막기

• 소매, 손

41쪽 잭처럼 만들되 소매는 I실, 손은 B실로 만든다.

• 머리카락

42쪽 잭처럼 만들되 J실로 만든다.

• 패치

K실로 하나, L실로 하나 만든다. 엄지손가락 방법으로 K나 L실 4코를 잡고 가터뜨기로 겉면에서 시작한다.

1~3단 가터뜨기
가터뜨기로 코막기

마무리하기

• 신발, 다리, 몸통, 머리

81쪽 신데렐라의 시종처럼 마무리한다.

• 드레스 치마

끝단을 바느질한 다음 인형에 입히고 마무리코 부분을 상체의 1째 단에 바느질해서 고정한다.

• 소매, 손

43쪽 잭처럼 마무리한다.

• 특징잡기

43쪽 잭처럼 마무리한다.

• 머리카락, 땋은 머리

114쪽 공주와 콩의 공주처럼 마무리한다.

• 패치

치마에 패치를 바느질해서 단다.

HOW TO MAKE

과자 집

• 앞면, 뒷면(2개씩)

엄지손가락 방법으로 M실 45코를 잡고 안면부터 시작한다.

1~45단 안뜨기 단으로 시작해서 메리야스뜨기 45단
46단 겉뜨기로 2코 모아뜨기, 2코 남을 때까지 겉뜨기, 겉뜨기로 2코 모아뜨기 (43코)
47단 안뜨기
48~87단 46~47단 20번 반복 (3코)
88단 겉뜨기로 3코 모아서 꼬아뜨기 (1코)
실을 끊는다.

• 옆면(2개씩)

엄지손가락 방법으로 M실 30코를 잡고 안면부터 시작한다.

1~45단 안뜨기 단으로 시작해서 메리야스뜨기 45단
코막기

• 문

엄지손가락 방법으로 N실 12코를 잡고 안면에서 시작한다.

1~25단 안뜨기 단으로 시작해서 메리야스뜨기 25단
26~30단 D실로 바꿔서 가터뜨기 5단
가터뜨기로 코막기

• 문 테두리(2개)

엄지손가락 방법으로 D실 21코를 잡고 가터뜨기로 시작한다.

1~3단 가터뜨기
가터뜨기로 코막기

• 문 손잡이

엄지손가락 방법으로 M실 9코를 잡는다.

1단(안면) 안뜨기
바늘에 실을 꿰어서 코 사이로 통과시키고 꽉 잡아당긴 후 1번 더 실을 통과시켜 풀리지 않게 한다.

• 작은 창문(5개)

엄지손가락 방법으로 N실 8코를 잡고 가터뜨기로 겉면에서 시작한다.

1~2단 가터뜨기
3~10단 D실로 바꿔서 겉뜨기 단으로 시작해서 메리야스뜨기 8단
11~13단 N실로 바꿔서 가터뜨기 3단
가터뜨기로 코막기

• 창문 테두리(10개)

N실 10코를 잡고 가터뜨기로 시작한다.

1단(겉면) 겉뜨기
가터뜨기로 코막기

• 긴창문

엄지손가락 방법으로 N실 24코를 잡고 가터뜨기로 겉면에서 시작한다.

1~2단 가터뜨기
3~10단 D실로 바꿔서 겉뜨기 단으로 시작해서 메리야스뜨기 8단
11~13단 N실로 바꿔서 가터뜨기 3단
가터뜨기로 코막기

• 창문 테두리(2개)

엄지손가락 방법으로 N실 10코를 잡고 가터뜨기로 시작한다.

1단(겉면) 겉뜨기
가터뜨기로 코막기

• 지붕(2개)

엄지손가락 방법으로 M실 30코를 잡고 가터뜨기로 겉면에서 시작한다.

1~75단 가터뜨기
가터뜨기로 코막기

• 바닥

엄지손가락 방법으로 M실 45코를 잡고 안면에서 시작한다.

1~51단 안뜨기 단으로 시작해서 메리야스뜨기 51단
코막기

마무리하기

• 앞면, 뒷면, 옆면

옆면 끝단에 앞면과 뒷면을 바느질한다.

• 문, 창문

사진을 참고해서 앞면 중앙에 문을 달고 문 테두리에 장식을 달고 손잡이도 단다. 문 양옆에 작은 창문을 하나씩 달고 문 위에 긴 창문을 단 다음, 그 위에 작은 창문 하나를 단다. 남은 창문 두개는 각각 양옆에 하나씩 단다. 모든 창문 양옆에 장식을 단다.

• 지붕

지붕 2개 마무리코부분을 각각 감침질한다. 집 위에 핀으로 고정시킨 다음 바느질한다. 집 안에 솜을 넉넉히 채운다.

• 바닥

바닥을 집에 바느질하고 틈을 조금 남긴다. 솜을 다 넣은 후 모양이 잘 잡히도록 정리한 후 틈을 바느질해서 막는다.

어느 날, 어떤 할머니가 사람모양 생강쿠키를 구웠어요. 할머니는 설탕과자로 입을,
체리로 코를 그리고 건포도로 단추와 눈을 장식했어요. 그리고 쿠키를 오븐에 넣고 구웠답니다.
쿠키가 다 구워져서 오븐을 조심스럽게 열었더니, 생강쿠키가 밖으로 달려나왔어요.

THE GINGERBREAD MAN

진저브레드 맨

뜨개 준비

크기

진저브레드 맨 28cm

준비물

DK실 대략적인 양
적갈색(A) 50g
검정, 빨강, 흰색 실 여분
3.25mm 대바늘 한 쌍, 같은 사이즈의 여분 바늘 1개
끝에 동그랗게 구멍이 뚫린 시침핀
아크릴 솜

게이지

3.25mm 대바늘, DK실(병태사), 26코×34단, 10×10cm, 메리야스뜨기

작업지침

특별한 지시가 없으면 모든 밑단 솔기는 오른쪽 방향으로 메리야스 잇기를 한다. 시접용으로 한 단 남겨놓는다.

HOW TO MAKE
진저브레드 맨

• 몸통, 머리

첫 번째 다리
엄지손가락 방법으로 A실 5코를 잡고 아래단부터 시작한다.

1단(안면) 안뜨기
2단 겉1, (1코 만들기, 겉1) 끝까지 (9코)
3단 안뜨기
4단 겉1, 1코 만들기, 겉뜨기 끝까지, 1코 만들기, 겉1 (11코)
5~8단 3~4단 2번 반복 (15코)
9~29단 안뜨기 단으로 시작해서 메리야스뜨기 21단
실을 끊고 잠시 옆에 놔둔다.

두 번째 다리
첫 번째 다리처럼 만들고 실은 끊지 않는다.

다리 합치기
30단 겉면에서 두 번째 다리 겉뜨기, 뒤집기, 니팅온 방법으로 5코 잡기, 뒤집기, 같은 실로 첫 번째 다리 이어서 겉뜨기 (35코)
31~33단 안뜨기 단으로 시작해서 메리야스뜨기 3단
34단 겉16, 겉뜨기로 3코 모아뜨기, 겉16 (33코)
35~37단 안뜨기 단으로 시작해서 메리야스뜨기 3단
38단 겉15, 겉뜨기로 3코 모아뜨기, 겉15 (31코)
39~41단 안뜨기 단으로 시작해서 메리야스뜨기 3단
42단 겉14, 겉뜨기로 3코 모아뜨기, 겉14 (29코)
43~45단 안뜨기 단으로 시작해서 메리야스뜨기 3단
46단 겉13, 겉뜨기로 3코 모아뜨기, 겉13 (27코)
47~49단 안뜨기 단으로 시작해서 메리야스뜨기 3단
50단 겉1, 1코 만들기, 겉11, 겉뜨기로 3코 모아뜨기, 겉11, 1코 만들기, 겉1 (27코)
51단 안뜨기
52~53단 메리야스뜨기 2단, 니팅온 방법으로 매 단 앞 부분에 10코 잡기 (47코)
54단 겉1, 1코 만들기, 겉 끝까지, 1코 만들기, 겉1 (49코)
55단 안뜨기
56단 54단처럼 (51코)
57~63단 안뜨기 단으로 시작해서 메리야스뜨기 7단
64단 겉뜨기로 2코 모아뜨기, 2코 남기고 겉뜨기, 겉뜨기로 2코 모아뜨기 (49코)
65단 안뜨기
66~67단 64~65단 반복
68~69단 메리야스뜨기, 매 단 앞부분 15코 막기 (17코)
70단 겉뜨기로 2코 모아뜨기, 2코 남기고 겉뜨기, 겉뜨기로 2코 모아뜨기(15코)
71단 안뜨기
72단 겉1, 1코 만들기, 겉뜨기 끝까지, 1코 만들기, 겉1 (17코)
73단 안뜨기
74단 (겉1, 1코 만들기) 2, 2코 남기고 겉뜨기, (1코 만들기, 겉1) 2 (21코)
75단 안뜨기
76단 72단처럼 (23코)
77~78단 75~76단 반복 (25코)
79~91단 안뜨기 단으로 시작해서 메리야스뜨기 13단
92단 겉뜨기로 2코 모아뜨기, 2코 남기고 겉뜨기, 겉뜨기로 2코 모아뜨기 (23코)
93단 안뜨기
94~97단 92~93단 2번 반복 (19코)
98단 (겉뜨기로 2코 모아뜨기) 2, 겉11, (겉뜨기로 2코 모아뜨기) 2 (15코)
99단 안뜨기로 2코 모아뜨기, 2코 남기고 안뜨기, 안뜨기로 2코 모아뜨기 (13코)
100단 (겉뜨기로 2코 모아뜨기) 2, 겉5, (겉뜨기로 2코 모아뜨기) 2 (9코)
안뜨기 방향으로 코막기

마무리하기

• 몸통, 머리

몸통과 머리의 안면이 서로 맞닿게 놓고 모서리를 빈틈없이 잘 맞춘다. 바깥 테두리를 따라 매트리스 스티치로 바느질하고 옆에 틈을 조금 남겨놓는다. 속을 채운 다음 틈을 바느질해서 막는다.

• 특징잡기

머리 중앙쯤, 눈 사이에 7코가 들어가게 간격을 벌린 다음 핀으로 눈 위치를 표시한다. 검은색 실로 핀 주변에 작은 체인 스티치 5땀을 고리처럼 넣고, 체인 스티치를 한 땀 더 넣어서 5땀이 동그랗게 모이도록 한다.
코는 빨간색으로 눈 밑에 수를 놓는데 체인 스티치 한 땀 주변에 체인 스티치를 2단에 걸쳐 10땀 넣어서 동그랗게 모이도록 한다. 입은 하얀색으로 웃는 모양이 되게 체인 스티치 한 단을 넣는다. 몸통에 있는 단추 3개는 눈을 수놓을 때와 같이 만든다. (171쪽을 참고하여 수놓은 자국이 안 보이게 처리한다.)

옛날 옛날 아주 가난한 방앗간 주인이 있었어요. 방앗간 주인이 죽을 때 유산으로 남긴 것은 방앗간, 당나귀, 고양이뿐이었어요. 첫째 아들은 방앗간을, 둘째 아들은 당나귀를 가져갔어요. 마지막으로 셋째 아들 잭은 남아있던 고양이를 가졌답니다.

PUSS IN BOOTS

장화 신은 고양이

뜨개 준비

• 크기

장화 신은 고양이 24cm

• 준비물

DK실 대략적인 양
갈색(A) 10g
하얀색(B) 5g
겨자색(C) 10g
은회색(D) 15g
파란색(E) 10g
검정색(F) 5g
암적색(포도주색)(G) 10g
금색(H) 5g
밝은 빨간색(I) 5g
밝은 초록색(J) 5g
암록색(K) 15g
카키색(L) 5g
검정, 은회색 실 여분
3.25mm 대바늘 한 쌍, 같은 사이즈 여분 바늘 1개
끝이 동그랗게 뚫린 시침핀
아크릴 솜

• 게이지

3.25mm 대바늘, DK실(벙태사), 26코×34단, 10×10cm, 메리야스뜨기

• 작업지침

특별한 지시가 없으면 모든 밑단 솔기는 오른쪽 방향으로 메리야스 잇기를 한다. 시접용으로 한 단 남겨놓는다.

HOW TO MAKE
장화 신은 고양이

• 부츠, 다리, 몸통, 머리

오른쪽 부츠, 다리
엄지손가락 방법으로 A실 22코를 잡고 부츠 바닥부터 시작한다. 시작코의 7~8째 코 사이에 마커 표시를 한다.

1단(안면) 안뜨기
2단 겉2, (1코 만들기, 겉2) 끝까지 (32코)
3~9단 안뜨기 단으로 시작해서 메리야스뜨기 7단

부츠 모양 잡기
10단 겉2, (겉뜨기로 2코 모아뜨기, 겉1) 8, 겉6 (24코)
11단 안뜨기
12단 겉3, (겉뜨기로 2코 모아뜨기)6, 겉9 (18코)
13~29단 안뜨기 단으로 시작해서 메리야스뜨기 17단
실을 끊고 잠시 옆에 치워둔다.

왼쪽 부츠, 다리
엄지손가락 방법으로 A실 22코를 잡고 부츠 바닥부터 시작한다. 시작코의 15~16번째 코 사이에 마커 표시를 한다.

1단(안면) 안뜨기
2단 겉2, (1코 만들기, 겉2) 끝까지 (32코)
3~9단 안뜨기 단으로 시작해서 메리야스뜨기 7단

부츠 모양 잡기
10단 겉7, (겉뜨기로 2코 모아뜨기, 겉1) 8, 겉1 (24코)
11단 안뜨기
12단 겉9, (겉뜨기로 2코 모아뜨기)6, 겉3 (18코)
13~29단 안뜨기 단으로 시작해서 메리야스뜨기 17단

다리 합치기
30단 B실로 바꿔서 아랫쪽 몸통을 뜬다. 왼쪽 다리부터 겉뜨기를 시작해서 같은 실로 오른쪽 다리도 겉뜨기 (36코)
31~37단 안뜨기 단으로 시작해서 메리야스뜨기 7단
38~45단 C실로 바꿔서 몸통 위쪽을 뜬다. 메리야스뜨기 8단

어깨 모양 잡기
46단 겉5, (겉뜨기로 2코 모아뜨기) 4, 겉10, (겉뜨기로 2코 모아뜨기) 4, 겉5 (28코)
47~49단 안뜨기 단으로 시작해서 메리야스뜨기 3단
50~51단 D실로 바꿔서 머리를 뜬다. 메리야스뜨기 2단
52단 겉5, (1코 만들기, 겉1) 6, 겉7, (1코 만들기, 겉1) 6, 겉4 (40코)
53~69단 안뜨기 단으로 시작해서 메리야스뜨기 17단

정수리 모양 잡기
70단 (겉뜨기로 2코 모아뜨기, 겉2) 끝까지 (30코)
71, 73단 안뜨기
72단 (겉뜨기로 2코 모아뜨기, 겉1) 끝까지 (20코)
74단 (겉뜨기로 2코 모아뜨기) 끝까지 (10코)
실을 바늘이 있는 코에 통과시킨 다음 느슨하게 놔둔다.

• 반바지, 벨트

첫 번째 다리
엄지손가락 방법으로 E실 20코를 잡고 아래단부터 시작한다.

1단(안면) 안뜨기
2단 겉2, (1코 만들기, 겉4) 4, 1코 만들기, 겉2 (25코)
3~11단 안뜨기 단으로 시작해서 메리야스뜨기 9단
12~13단 각 단 시작 2코 막기 (21코)
실을 끊고 잠시 옆에 놔둔다.

두 번째 다리
첫 번째 다리처럼 만들고 실은 끊지 않는다.

다리 합치기
14단 겉면에서 두 번째 다리부터 겉뜨기를 시작해 같은 실로 첫 번째 다리도 연결해서 겉뜨기 (42코)
15~19단 안뜨기 단으로 시작해서 메리야스뜨기 5단
20~24단 F실로 바꿔서 벨트를 뜬다. 가터뜨기 5단, 겉면 단에서 끝낸다.
가터뜨기로 코막기

• 부츠 윗부분(2개)

엄지손가락 방법으로 A실 28코를 잡고 안면부터 시작한다.

1~9단 안뜨기 단으로 시작해서 메리야스뜨기 9단
코막기

• 소매, 앞발(2개)

엄지손가락 방법으로 C실 6코를 잡고 소매부터 시작한다.

1단(안면) 안뜨기
2단 (겉1, 1코 만들기)2, 겉2, (1코 만들기, 겉1) 2 (10코)
3단 안뜨기
4단 겉1, 1코 만들기, 겉뜨기 끝까지, 1코 만들기, 겉1 (12코)
5~8단 3~4단 2번 반복 (16코)
8단 첫 번째 코와 마지막코에 마커 표시한다.
9~19단 안뜨기 단으로 시작해서 메리야스뜨기 11단
20단 겉4, (겉뜨기로 2코 모아뜨기, 겉4) 2 (14코)
21~25단 D실로 바꿔서 앞발을 뜬다. 안뜨기 단으로 시작해서 메리야스뜨기 5단
26단 (겉뜨기로 2코 모아뜨기) 끝까지 (7코)
실을 바늘이 있는 코에 통과시킨 다음 잡아당기고 코 사이에 실을 한 번 더 통과시켜서 풀리지 않게 한다.

• 소매단(2개)

엄지손가락 방법으로 C실 26코를 잡고 가터뜨기로 시작한다.

1~2단 가터뜨기
3단(겉면) *겉1, (겉뜨기로 2코 모아뜨기) 2; * 부분 4번 반복, 겉1 (16코)
가터뜨기로 코막기

• 귀(2개)

엄지손가락 방법으로 D실 16코를 잡고 안면부터 시작한다.

1~3단 안뜨기 단으로 시작해서 메리야스뜨기 3단
4단 겉2, (겉뜨기로 2코 모아뜨기) 2, 겉4, (겉뜨기로 2코 모아뜨기) 2, 겉2 (12코)
5, 7단 안뜨기
6단 겉1, (겉뜨기로 2코 모아뜨기) 2, 겉2, (겉뜨기로 2코 모아뜨기) 2, 겉1 (8코)
8단 (겉뜨기로 2코 모아뜨기) 끝까지 (4코)
실을 바늘이 있는 코에 통과시킨 다음 잡아당기고 코 사이에 실을 한 번 더 통과시켜서 풀리지 않게 한다.

• 모자

엄지손가락 방법으로 G실 60코를 잡고 가터뜨기로 겉면에서 시작한다.

1~8단 가터뜨기
9단 (겉1, 겉뜨기로 2코 모아뜨기) 4, (겉뜨기로 2코 모아뜨기) 6, (겉뜨기로 2코 모아뜨기, 겉2) 6, (겉뜨기로 2코 모아뜨기, 겉1) 4 (40코)
10~19단 겉뜨기 단으로 시작해서 메리야스뜨기 10단
20단 (겉뜨기로 2코 모아뜨기, 겉2) 끝까지 (30코)
21, 23단 안뜨기
22단 (겉뜨기로 2코 모아뜨기, 겉1) 끝까지 (20코)
24단 (겉뜨기로 2코 모아뜨기) 끝까지 (10코)
실을 바늘이 있는 코에 통과시킨 다음 잡아당기고 코 사이에 실을 한 번 더 통과시켜서 풀리지 않게 한다.

• 깃털(H실, I실, J실)

엄지손가락 방법으로 H실 또는 I실, J실을 22코 잡는다.

1단(겉면) 겉9, (겉뜨기로 2코 모아뜨기) 2, 겉9 (20코)
겉뜨기 방향으로 코막기

• 꼬리

엄지손가락 방법으로 D실 20코를 잡고 안면에서 시작한다.

1~31단 안뜨기 단으로 시작해서 메리야스뜨기 31단
32단 겉뜨기로 2코 모아뜨기, 겉 끝까지 (19코)
33~35단 안뜨기 단으로 시작해서 메리야스뜨기 3단
36~47단 32~35단 3번 반복 (16코)
48단 (겉뜨기로 2코 모아뜨기) 끝까지 (8코)
실을 바늘이 있는 코에 통과시킨 다음 잡아당기고 코 사이에 실을 한 번 더 통과시켜서 풀리지 않게 한다.

• 망토 깃

엄지손가락 방법으로 K실 26코를 잡고 가터뜨기로 시작한다.

1단(겉면) 겉뜨기
2단 겉4, (1코 만들기, 겉1) 19, 겉3 (45코)
3단 겉38, 뒤집기
4단 겉뜨기 방향으로 1코 건너뛰기, 겉30, 뒤집기
5단 겉뜨기 방향으로 1코 건너뛰기, 겉25, 뒤집기
6단 겉뜨기 방향으로 1코 건너뛰기, 겉20, 뒤집기
7단 겉뜨기 방향으로 1코 건너뛰기, 겉 끝까지
8단 겉3, (1코 만들기, 겉3) 끝까지 (59코)
가터뜨기로 코막기

• 망토

엄지손가락 방법으로 K 실 35코를 잡고 가터뜨기로 겉면에서 시작한다.

1~14단 가터뜨기
15단 겉2, 겉뜨기로 2코 모아뜨기, 4코 남기고 겉뜨기, 겉뜨기로 2코 모아뜨기, 겉2 (33코)
16~20단 가터뜨기
21단 15단처럼 (31코)
22~24단 가터뜨기
25단 15단처럼 (29코)
26단 겉뜨기
27~40단 25~26단 7번 반복 (15코)
가터뜨기로 코막기

• 브로치

엄지손가락 방법으로 L실 9코를 잡는다.

1단(안면) 안뜨기
실을 바늘이 있는 코에 통과시킨 다음 잡아당기고 코 사이에 실을 한 번 더 통과시켜서 풀리지 않게 한다. 끝단을 감침질한다.

마무리하기

• 부츠, 다리, 몸통, 머리

부츠 발목 부분 끝단을 바느질하고 마커 표시한 부분이 발가락 끝부분이 될 수 있도록 마무리코를 감침질한다. 다리 솔기가 발뒤꿈치 안쪽 13mm 위에 위치한다. 발가락 끝에 공 모양으로 만든 솜을 넣는다. 다리의 끝단을 바느질하고 하복부는 둥그렇게 바느질한다. 다리에 솜을 채우고 몸통 솔기를 바느질한다. 몸통에 솜을 채우고 머리의 끝단은 반만 바느질한다. 속을 채우고 머리 윗부분에서 실을 잡아당긴 다음 끊고 끝단 바느질을 마무리한다. 상체와 같은 색의 실을 2가닥 잡고 러닝 스티치로 상체의 마지막 단에서 둥글게 바느질한다. 반 코마다 안팎으로 바느질한다. 실을 잡아당겨 목 모양을 잡고 목 안에서 매듭짓는다.

• 반바지, 벨트

아래단부터 하복부까지 반바지 밑단을 바느질한다. 감침질로 하복부를 둥그렇게 바느질하고, 벨트와 반바지의 뒷부분 중앙 끝단을 바느질한다. 반바지를 입히고 박음질로 상체의 1째 단에 벨트의 마지막코 부분을 바느질해 단다.

• 부츠 윗부분

부츠 윗부분을 반으로 접고 시작코와 마무리코 부분을 감침질한다. 부츠 윗부분을 부츠 위에 두르고, 부츠 윗부분의 아래단과 부츠의 윗부분이 만나도록 바느질한다.

• 소매, 앞발

앞발의 끝단을 바느질하고 안쪽에 방울솜을 집어넣는다. 소매를 손목부터 겨드랑이 밑 마커 표시까지 바느질한다. 소매 속을 채우고 팔 연결 부분은 바느질하지 않고 틈을 남겨둔다. 몸통 양쪽에 팔을 하나씩 단다. 목 바로 아래단에 팔의 제일 윗부분에 있는 시작코를 바느질한다.

• 소매단

손목 주변에 소매단을 두르고 끝단을 바느질한다. 박음질해서 단다.

• 특징잡기

목에서 위로 11째 단에 가운데 코 4개가 들어가는 위치에 핀을 2개 꽂아서 눈 위치를 잡는다. 검은색 실로 수직방향 체인 스티치를 놓고 그 위로 체인 스티치를 한 땀 더 넣어서 눈을 표현한다. 코는 눈 밑 두 번째 단에 검은색 실로 수평방향 체인 스티치를 넣고 그 위로 체인 스티치를 한 땀 더 넣어서 만든다. 사진을 참고하여 스트레이트 스티치로 입과 수염을 만든다. 벨트 버클은 은회색 실로 스트레이트 스티치를 두 번 넣어서 만든다. (171쪽을 참고하여 수놓은 자국이 안 보이게 처리한다.)

• 모자, 깃털, 귀

모자의 끝단을 바느질하고 챙의 끝부분을 감침질한다. 귀의 끝부분을 바느질하는데 솔기가 귀 뒷부분 중앙에 오게 한다. 모자 윗부분에 속을 조금 채우고 오른쪽에 솔기가 오게 바느질한 다음, 머리 오른쪽에 핀을 꽂아 모자를 고정하고, 귀는 왼쪽에 단다. 박음질로 머리와 연결하여 귀와 모자를 머리에 고정한다. 깃털의 마무리코 부분을 반 접어서 바느질한다. 사진을 참고하여 깃털을 모자에 달고 챙 모양을 잡아서 바느질한다.

• 꼬리

모양이 잡힌 끝단부터 긴 면까지 꼬리를 만 다음 긴 면을 바느질한다. 꼬리 끝부분을 엉덩이에 달아주는데 반바지와 몸을 통과시켜 바느질한다.

• 망토 깃, 망토, 브로치

망토 깃을 목 주변에 두르고 턱 밑에서 양쪽 끝이 만나게 한다. 깃의 시작코 부분을 목에 바느질한다. 망토의 마무리코 부분을 목 뒷부분과 깃 밑에 바느질해서 단다. 브로치는 망토 깃 한가운데, 턱 밑에 단다.

피~피~포~품

누가 내 포리지를 다 먹었지?

넌 무도회에 갈 수 있단다!

손뜨개 기초

그리고 그들 모두 영원히 행복하게 살았답니다.

뜨개 준비

• 털실

이 책에 모든 패턴은 DK실을 사용합니다. 천연 섬유부터 아크릴 섬유까지 많은 종류의 DK실이 있습니다. 아크릴 섬유는 빨아도 줄어들지 않습니다. 아이가 인형을 가지고 놀다가 자칫 섬유를 삼킬 수도 있기 때문에 잔털이 있는 실이나 모섬유 실을 사용할 때는 주의해야 합니다.

• 게이지

인형을 뜰 때 적당한 실과 바늘을 사용한다면, 게이지를 반드시 지켜야 하는 것은 아닙니다. 이 책에 나오는 모든 인형은 3.25mm 사이즈의 대바늘로 만들었습니다. 대략 26코에 34단, 10×10cm입니다.

• 안전상 주의

인형 연결 부위가 떨어지거나 올이 풀릴 수 있기 때문에 잘못하면 질식 사고 위험이 있습니다. 아이가 가지고 놀기 전에 연결 부분이 잘 고정되어 있는지 확인하세요.

매듭(시작코) 만들기

1. 긴 실을 준비한다. 한 코당 1cm를 잡고 코를 만든다. 나중에 바느질로 마무리할 것을 고려해 조금 더 길게 잡아도 좋다. 타래에서 실을 잡아서 왼쪽 검지 손가락에 앞에서 뒤로 감아 실 끝이 다시 앞으로 오게 한다. 고리 모양이 잡혔으면 실 끝을 고리 안쪽으로 통과시켜 조금 잡아당긴다. 이 고리의 뒤쪽에서 앞쪽으로 오른쪽 바늘에 넣는다.
2. 실의 꼬리 부분을 밑으로 잡아당겨서 매듭을 더 단단하게 한다. 타래와 연결되어 있는 실을 당기면 느슨한 고리가 된다.

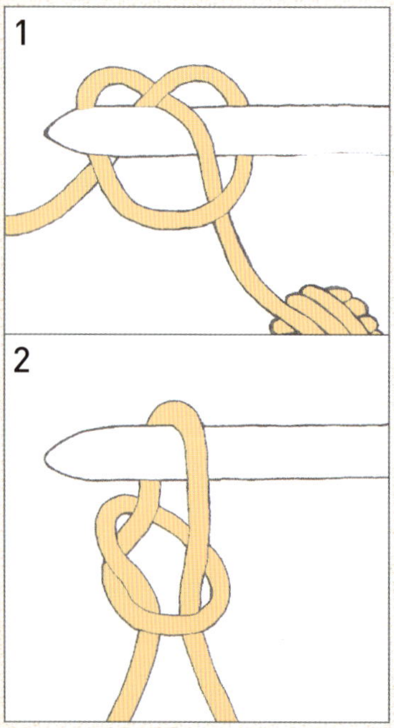

코 잡기

• 엄지손가락 방법

1. 시작코를 만든다. 바늘을 오른손에 잡고 오른손 검지로 시작코 부분을 잡아 고정한다.
2. 왼손 엄지손가락에 실의 꼬리 부분을 앞에서 뒤로 느슨하게 감는다. 바늘 끝을 엄지손가락 고리의 앞에서 뒤쪽으로 통과시켜 건다. 바늘에 타래의 실을 왼쪽에서 오른쪽 방향으로 감는다.
3. 고리가 엄지손가락 고리를 통과하록 잡아당기고 엄지손가락을 뺀다. 새로 만든 고리의 꼬리쪽 실을 잡아당겨 단단하게 한다. 이 과정을 필요한 시작코 개수만큼 반복한다.

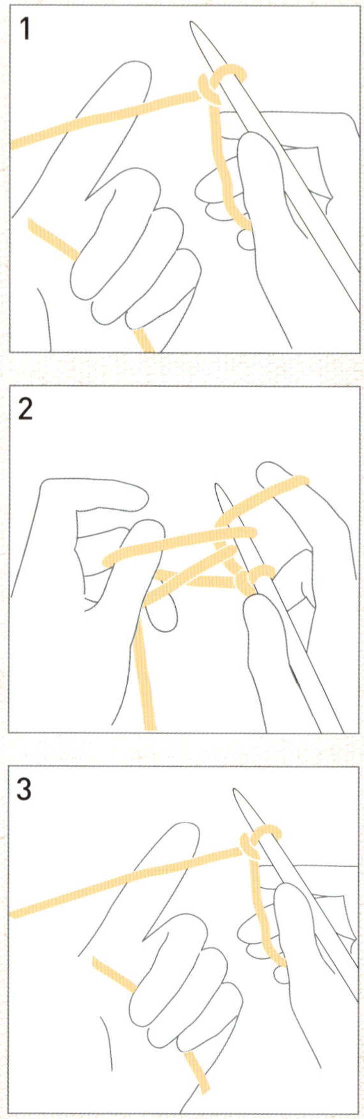

겉뜨기

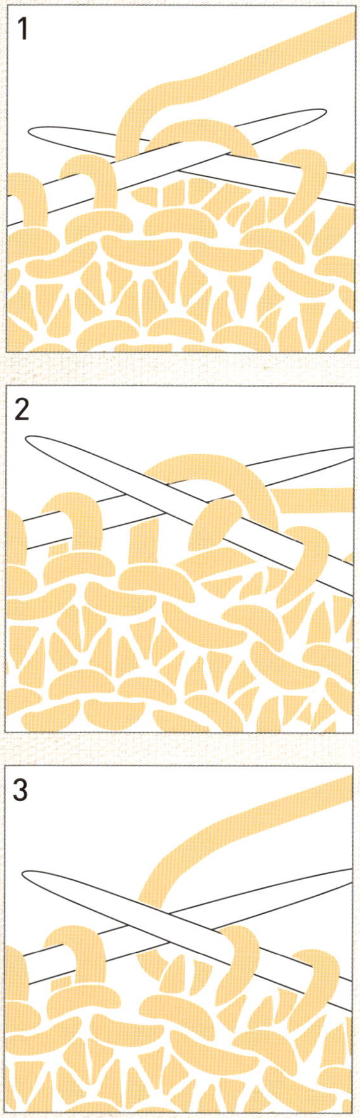

1. 코가 걸린 바늘을 왼손에 쥔다. 실을 편물 뒤에 두고 오른손에 있는 바늘의 뾰족한 부분을 첫 번째 코 앞에서 뒤쪽 방향으로 넣는다. 오른쪽 바늘에 시계 반대 방향으로 실을 감는다.
2. 오른쪽 바늘에 감은 실을 코를 통과해서 앞으로 빼준다. 실과 코가 너무 느슨해지거나 팽팽해지지 않게 한다.
3. 새로운 코가 오른쪽 바늘에 만들어 졌으면 왼쪽 바늘에서 뜬 코를 빼낸다. 위의 단계를 반복한다.

안뜨기

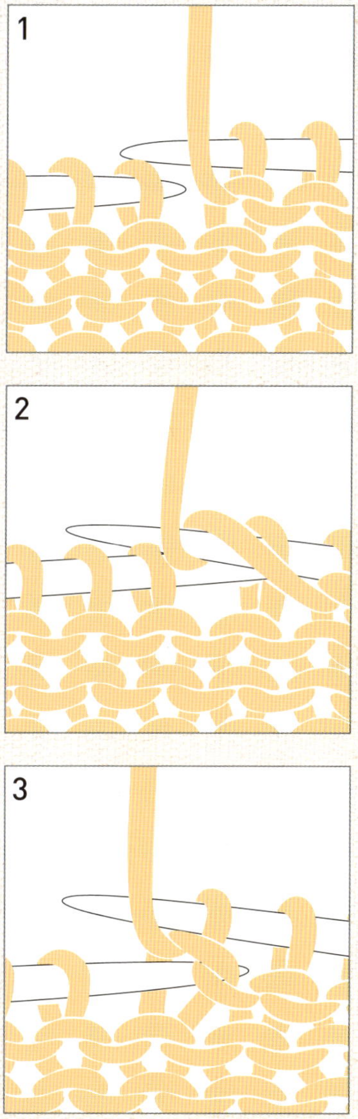

1. 코가 걸린 바늘을 왼손에 쥔다. 실을 편물 앞에 둔다.
2. 오른손에 있는 바늘의 끝을 첫 번째 코 뒤에서 앞쪽 방향으로 넣는다. 오른쪽 바늘에 시계 반대 방향으로 실을 감는다.
3. 오른쪽에 바늘에 감은 실을 코를 통과해서 뒤쪽으로 빼준다. 실과 코가 너무 느슨해지거나 팽팽해지지 않게 한다. 새로운 코가 오른쪽 바늘에 만들어졌으면 왼쪽 바늘에서 뜬 코를 빼낸다. 위의 단계를 반복한다.

다양한 뜨개 기법

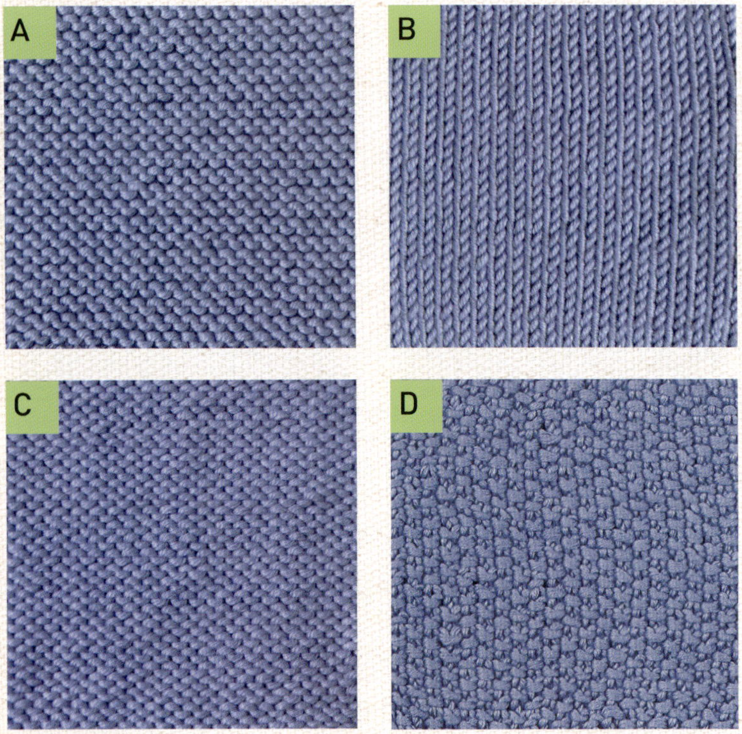

• 멍석뜨기(D)

천을 울퉁불퉁해 보이게 한다. 안뜨기와 겉뜨기를 코마다 번갈아가며 한다. 멍석뜨기를 하려면 바늘에 있는 콧수가 홀수여야 한다.

1. 실을 작업물 뒤에 놓고 첫코는 평범하게 겉뜨기한다.
2. 실을 바늘 사이로 가져와 작업물 앞에 놓는다.
3. 실을 앞에 놓고 한 코를 안뜨기한다.
4. 실을 다시 뒤로 가져간 다음 겉뜨기한다. 겉1, (안1, 겉1)을 마지막코까지 반복한다. 이 단을 계속 반복한다.

• 가터뜨기(A)

모든 단을 겉뜨기한다.

• 메리야스뜨기(B)

가장 많이 쓰이는 뜨개기법. 겉면에서는 겉뜨기, 안면에서는 안뜨기한다.

• 역메리야스뜨기(C)

겉면에서는 안뜨기, 안면에서는 겉뜨기한다.

코 늘리기

1코 만들기
왼쪽 바늘로 코와 코 사이에 있는 가로 방향의 실을 앞에서 뒤쪽 방향으로 넣어 주워준다. 오른쪽 바늘로 주운 코가 꼬아지도록 뒤쪽으로 바늘을 넣어 겉뜨기 또는 안뜨기를 한다.

겉뜨기 방향으로 1코 늘리기
겉뜨기 단에서 코의 앞뒤를 겉뜨기해서 1코를 늘리는 방법이다. 먼저 겉뜨기를 하는데 왼쪽 바늘에서 코를 빼지 않은 상태에서 다시 코의 뒤쪽에 오른쪽 바늘을 넣어 겉뜨기한다. 이렇게 하면 1코가 2코로 늘어난다.

안뜨기 방향으로 1코 늘리기
안뜨기 단에서 코의 앞뒤를 안뜨기해서 1코를 늘리는 방법이다. 먼저 안뜨기를 하는데 왼쪽 바늘에서 코를 빼지 않은 상태에서 다시 코의 뒤쪽에 오른쪽 바늘을 넣어 안뜨기한다. 이렇게 하면 1코가 2코로 늘어난다.

코 줄이기

코를 줄일 때는, 간단하게 2코를 모아서 한 코처럼 겉뜨기해서 2코를 1코로 줄인다. 겉뜨기로 3코 모아뜨기일 때는 3코를 모아서 한 코처럼 겉뜨기해 3코를 1코로 줄인다. 깔끔하게 마무리하려면 다음을 따라 한다.
겉뜨기 단 전체에서, 겉뜨기로 2코를 모아뜰 때 코 앞에서 겉뜨기로 모아뜨기한다. 겉뜨기 단의 끝에 마지막 2코가 남았다면 코 뒤에서 겉뜨기로 모아뜨기한다.
안뜨기 단의 시작 부분에서, 단의 가장 첫 번째 코라면 코 뒤에서 안뜨기로 모아뜨기한다. 나머지 코는 코 앞에서 안뜨기로 모아뜨기한다.

코막기

1. 첫 2코를 오른쪽 바늘로 겉뜨기한다. 첫 번째 코를 두 번째 코 위로 덮어씌우고 바늘에 걸어 코를 빼낸다. 1코가 남는다.
2. 다른 코를 겉뜨기한다. 그러면 다시 오른쪽 바늘에 2코가 생긴다. 이 과정을 왼쪽 바늘에 1코가 남을 때까지 반복한다. 실을 끊고 남은 코 사이로 실을 빼내어 당긴다.

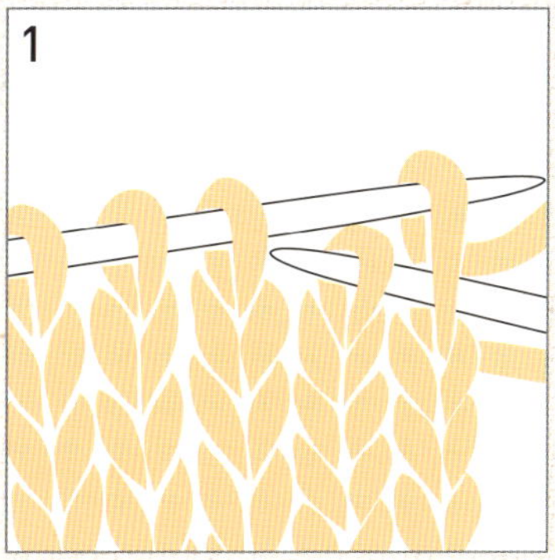

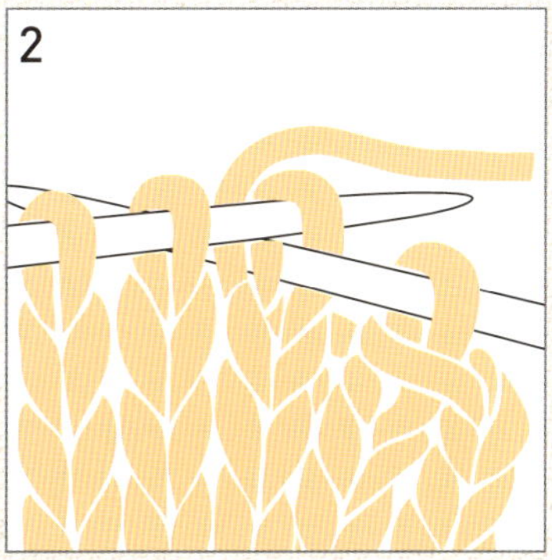

코 사이로 실 통과시키기

이 책에는 '실을 바늘이 있는 코에 통과시킨 다음 잡아당기고 풀리지 않게 한다.'라는 문구가 나온다. 먼저 실을 길게 남기고 끊은 다음 바늘에 실을 꿴다. 바늘이 모든 코를 차례차례 통과하게 한다. 코 사이로 실을 잡아당긴다. 풀리지 않게 하려면 바늘이 다시 한 번 모든 코를 통과하도록 원을 그리게 통과시킨 다음 실을 잡아당긴다.

마커 표시

시작코 부분에 마커 표시를 할 때는, 시작코와 대비되는 색의 실을 바늘에 꿴 다음, 마커 표시할 부분의 코를 세면서 확인한다. 코 사이 마커 표시할 부분에 바늘을 통과시킨 다음 느슨하게 묶고 두 번 매듭지은 다음 끝을 자른다. 특정 코에 마커 표시할 때는 대조되는 실을 바늘에 꿴 다음 표시해야 하는 코에 바늘을 통과시킨다. 느슨하게 묶고 2번 매듭을 지은 다음 끝을 자른다.

바느질

이 책에 나오는 인형은 간단한 바느질로 이었다.

• 메리야스 잇기(스티치)

모든 단의 끝을 매트리스 잇기로 바느질한다. 작업물의 겉면이 위로 가게 놓은 다음, 바늘을 한쪽 면의 처음 두 코 사이의 가로줄 아래로 넣은 다음, 마주보는 위치에 있는 두 코 사이의 가로줄 아래로 바늘을 넣어준다. (그림 참고) 코가 하나인 솔기도 이런 방법으로 잇는다.

• 박음질

모자, 머리카락, 벨트를 달아줄 때 한쪽 레이어의 겉면에서 레이어 밑으로 바느질한다. 바늘을 스티치 라인 시작 부분에서 나오게 가져온 다음 직선으로 한 땀을 넣고, 바늘을 스티치 라인을 따라 시작 부분보다 조금 더 먼 부분에서 나오게 한다. 바늘을 첫 번째 땀 끝부분에 넣고 스티치 라인을 따라 조금 더 먼 부분에서 바늘이 나오게 한다. 계속 반복해서 코가 계속 연결되는 라인이 되게 바느질한다.

• 러닝 스티치

인형의 목 부분 모양 잡을 때 러닝 스티치를 쓴다. 실을 2가닥으로 잡아서 바늘에 꿰고 반 코마다 안팎으로 바느질해서 목 주변에 코가 모이도록 라인을 만들며 바느질한다. 실의 양쪽 끝을 묶지 않는 대신 꽉 잡아당겨서 매듭을 두 번 짓는다. 매듭이 목 안쪽에 들어가도록 한다.

마무리

• 수놓기

수놓는 자국이 안 보이게 시작하려면 실의 끝부분에 우선 매듭을 짓는다. 작업물을 통과하면서 한 땀을 길게 넣고 시작 부분으로 다시 바늘을 빼낸다. 매듭 부분이 작업물 안쪽에 위치하면서 솜에 걸리게 한다. 마무리 부분을 안 보이게 하려면 작업물 앞뒤로 몇 땀을 바느질한 다음 바늘을 실이 나온 부분에 넣는다.

스트레이트 스티치
직선 모양으로 한 코에서 다른 한 코로 수를 놓는다.

체인 스티치
바늘을 작업물을 뚫고 위로 나오도록 한 다음 첫 땀을 놓는데, 실을 왼쪽 엄지손가락으로 잡고 있는다. 바늘을 다시 같은 장소에 찔러 넣고 조금 떨어진 곳에서 바늘이 나오도록 한다. 실이 바늘 끝 밑에 있도록 계속 작업한 다음 고리를 잡아당겨 체인 모양이 되도록 한다.

스템 스티치
왼쪽에서 오른쪽 방향으로 짧은 땀을 스티치 라인을 따라 거꾸로 놓는다. 실이 항상 바로 전 코의 왼쪽 면에서 나오도록 한다.

• 꼬인 끈 만들기

꼬인 끈은 56쪽 거인과 47쪽 소꼬리에 쓰인다.

1. 패턴에 나온 대로, 실 여러 가닥을 일정한 길이로 자른 다음 가닥마다 끝부분에 매듭을 짓는다. 한쪽 끝을 문손잡이나 의자처럼 고정되는 곳에 묶거나, 다른 사람이 잡고 있도록 한다.
2. 반대쪽 끝부분을 잡고 끝까지 단단히 꼰다.
3. 꼬인 끈의 가운데 부분을 잡고 양쪽 끝이 마주하도록 한다. 가운데 잡고 있던 손을 놓는다. 꼬인 끈은 절반끼리 모여 있다. 주름을 펴고 끝부분을 같이 묶는다.

• 솜 채우기, 관리하기

인형의 모양이 잘 잡히도록 솜을 채우는 데 공을 들이면 좋다. 아크릴 솜으로 속을 넉넉히 채우는 것을 권장하지만 인형이 팽팽해져서 솜이 바깥에서 보일 정도로 많이 넣지는 말자. 모든 인형이나 작업물의 바닥 부분은 평평하게 모양을 잡아 세울 수 있도록 만든다. 작은 부분에 속을 채울 때는 족집게를 사용하면 편리하다. 손빨래를 할 수 있는 솜을 쓰는 것이 좋다. 세탁기는 사용하지 말고 손으로 조물조물 조심스레 모양이 망가지지 않을 정도로 빨고 자연건조시킨다.